Wilfried Koch

Mehr als Worte singt ein Lied

Wilfried Koch

Mehr als Worte singt ein Lied

Texte zum Geheimnis Gottes Lieder in dieser Zeit des Glaubens Geistliche Lyrik Band 1

Fromm Verlag

Imprint

Cover image: Vom Autor bereitgestellt

Publisher:
Fromm Verlag
is a trademark of
International Book Market Service Ltd., member of OmniScriptum Publishing Group
17 Meldrum Street, Beau Bassin 71504, Mauritius

Printed at: see last page
ISBN: 978-620-2-44229-9

Wilfried Koch

Mehr als Worte singt ein Lied

Texte zum Geheimnis Gottes –
Lieder in dieser Zeit des Glaubens
Geistliche Lyrik
Band 1
Lieder 1 – 197

Fromm

Das Titelbild ist ein Ausschnitt aus einem Gemälde von Waltraud Koch-Heuskel aus dem Jahre 2004, mit der Bezeichnung: „Jesus Christus lebt" und orientiert sich am Christus des Turiner Grabtuches.

Inhaltsverzeichnis

Band 1

Seite

Band 2 enthält folgende Liedthemen

Vorwort

Die Liedtexte in diesem Buch sind Lieder zum Aufwachen und Aufwecken im Glauben. Sie sind hineingeschrieben in diese konkrete Zeit des Glaubens, also Texte zur aktuellen Kirchenzeit geworden. Die gegenwärtige Situation von Kirche, Glauben und Welt stand Pate für viele Texte. Viele von ihnen sind gegen den Strich heutigen Empfindens. In vielen Texten nehme ich Partei für Gott und seine Rechte. Er ist zwar nicht darauf angewiesen, aber es tut uns Menschen gut, uns über Gottes Ansehen bei den Menschen Gedanken zu machen. „Wir haben lange genug über den Menschen geredet, es wird Zeit wieder über Gott zu reden" .
Eigentlich sind alle Texte dem Mysterium Gottes verpflichtet. Das Mysterium, das Geheimnis, die Andersartigkeit Gottes ist heute wieder stärker zu betonen, wo die Entsakralisierung durch die Lande zieht. Der Glaube wird weitgehend durch die Brille der Soziologie betrachtet und hat so kaum noch eine Chance. Ich hoffe, dass meine (Lied-)Texte dem Mysterium dienen, nicht mysteriös sind, sondern einladend – zur Besinnung führen. „Mehr als Worte singt ein Lied!" – hoffentlich!

Die Texte kommen tief aus mir hervor, aus meinem Glauben, meiner Welt-Anschauung, meinem Kirchenbild. Sie sind also pointiert! Man sollte heute gegen so manche Entwicklung ansingen. Und man sollte die „Welt-Anschauung" so mancher Zeitgenossen verunsichern, nämlich die Weise, w i e sie und d a s s sie (nur noch) die Welt anschauen und darüber das Himmlische vergessen. Diese „Himmels(aus)richtung" wollen die Texte neu in den Blick holen. „Mehr als Worte singt ein Lied!"

Wieso „Texte zum Aufwachen"? Nach meinem Empfinden sind wir Christen wie betäubt von der schönen neuen Welt und Gesellschaft, in der wir leben. die wir für gut, schön, normal und dem Evangelium gemäß halten. Das kann sogar in Einzelheiten stimmen. Doch im Gesamten? Kann es sein, dass wir uns in der Modernisierungsfalle befinden und uns an manches ge-w ö h n t haben, also in „Räumen w o h n e n", die zwar wohnlich erscheinen, aber es bei tieferem Hinsehen nicht sind. Lothar Zenetti hat mal vom Dasein der Christenheit wie in einem Schlafwagen geschrieben. Hat das Lied 481 im Gotteslob noch seine Berechtigung? „Weck die tote Christenheit" heißt es dort .... „aus dem Schlaf der Sicherheit". Viele der hier abgedruckten Lieder und Texte enthalten

„Weckamine /Auf-Weckamine“ (also die Wachheit fördernde Gedanken). Sind darum vielleicht unge-w o h n t.
Keine Frage: es sind auch Lob, Preis, Dank, Staunen, Ehrfurcht und Glaubensfreude darin zu finden.

Die Texte sind unterschiedlich entstanden. Zum einen ganz in mir und aus mir heraus (wobei ich nie ausschließen kann, dass sich da und dort Redewendungen aus Texten von Anderen „eingeschlichen“ haben, die ich verinnerlicht hatte, deren Herkunft ich aber nicht weiß. Es gibt ja übergreifende Gedanken und Worte, die zum großen Schatz des Glaubens gehören).
Es gibt aber auch Texte, die sich ganz, teilweise oder nebenbei einer Vorlage verdanken. Diese Vorlage hat mich jeweils angeregt, einen Text zu schreiben, manchmal in intensiver Nähe zum Urtext, manchmal in größerer Distanz zu ihm; oft war der andere Text auch nur ein Anstoß. Ebenso habe ich manche andere Vorlage überarbeitet und singbar gemacht. Darauf kam es mir an. So sind wohl auch manche Lieder im Gotteslob entstanden!? Wenn ich wörtliche Anteile aus einer Vorlage übernommen habe, weil mich ihre Schönheit faszinierte, habe ich das als Zitat deutlich gemacht. Ich will daraus keinen Gewinn für mich ziehen, sondern einer singenden Christenheit dienen, indem sie mit gängigen Melodien schöne geistliche Texte singen darf. Ob meine Eigentexte schön sind mag der werte Betrachter entscheiden. Manches ist gut gelungen – manches ist weniger gut gelungen. Aber auch das lege ich vor. Wie heißt es doch im Weihnachtsoratorium von J.S.Bach: „Lass dir die matten Gesänge gefallen!“
Die Texte, gleich welcher unterschiedlichen Herkunft, sind singbar; ich habe jeweils darüber geschrieben, welche Melodie man auswählen kann, um die Texte zu singen. „Mehr als Worte singt ein Lied“ und „wer singt, betet doppelt“. Für die meisten Texte empfehle ich bekannte Lieder aus dem neuen Gotteslob, aber ich schlage auch Melodien von bekannten, neuen geistlichen Liedern vor. Möglicherweise findet oder erfindet jemand andere Melodien zu den Texten.
Es muss eigentlich nicht eigens gesagt werden: die Texte können auch gelesen und betrachtet sowie als Texte gesprochen und gebetet werden, z.B. als Hymnus oder „Psalm“ beim Stundengebet. Meine Frau und ich nutzen sie auf diese Weise.
Aus dem Weihnachtsoratorium weiß ich, dass J.S.Bach ein Meister darin war, neue Texte auf schon vorhandene Melodien zu setzen (so liegen seinem Weihnachtsoratorium Melodien einer Geburtstagskantate für einen

Fürsten zugrunde). Auf die Melodie von „O Haupt voll Blut und Wunden" lässt er z.B. weihnachtliche Choräle singen. So bin ich in guter Gesellschaft, wenn auch kein Meister (wie J.S. es war).
An diesen Texten hat meine liebe Frau Waltraud „mitgewirkt": sie hat mich oft am PC schreiben lassen, auch wenn sie sich lieber gemeinsame Zeit gewünscht hätte. Manchmal war ich anwesend-abwesend, weil sich dringende neue Ideen meldeten. Dafür danke ich ihr. Vieles, was ich bin, kann und tu, verdanke ich sowieso ihr. Ich freue mich, dass sie eines ihrer Gemälde für das Cover beigesteuert hat.

Ich wünsche Freude und geistlichen Genuss beim Lesen oder Singen dieser Texte, denn sie stehen für den Gebrauch zur Verfügung und sind teilweise auch schon im Einsatz gewesen. Alle, die da mitgesungen haben, haben das überlebt; vielleicht ein Zeichen dafür, dass diese Texte zu verdauen sind.

Wilfried Koch
im Juni 2018

Die angegebenen Gotteslob-Melodien ab 706 befinden sich im Diözesananhang Köln, sind aber in vielen anderen diözesanen Eigenteilen zu finden.
Am Ende des Buches gibt es eine Fundstellenliste für jene Melodien, die nicht im Stammteil des Gotteslobs zu finden sind.
Die (Zahl) in Klammern, die nach der Melodieangabe folgt, ist die Liednummer in meiner Liedsammlung. Dieses Zeichen → am Ende eines Kapitels verweist auf weitere Lieder zum Thema dieses Kapitels. Zum Titel der Liedsammlung hat mich ein Satz aus einem Lied im Gotteslob inspiriert (Nr.140, 1.Strophe): denn „Mehr als Worte sagt (oder singt) ein Lied".

Gott ist

Geheimnis & Mysterium

kommt, wir beten ihn an
(Introitus I)

1 *Verhüllt und verborgen*

Mel: GL 484 Dank sei dir Vater oder GL 81 Lobet den Herren (175)

1 Wir preisen das Geheimnis unsres Glaubens, wollen auf seine Heiligkeit vertrauen. Und seinen Glanz in Heimlichkeit erfahren: staunend bewahren.

2 Nur das Geheimnis kann uns Rettung bringen, nur das Verborgne spricht von wahren Dingen, zwischen den Zeilen ist allein zu lesen, des Glaubens Wesen

3 Einzig der Tiefgang wird nach oben führen, nur noch der Blick nach innen wird tief schüren. Weisheit wird aus der Tiefe hoch aufsteigen, den Himmel zeigen.

4 Auch stilles Schweigen wird das Wort verbreiten, auch wenn wir stumm sind, redet es beizeiten, und nur die Stille lässt allein verlauten, worauf wir bauten.

5 Heiliges hüten und verhüllt verstecken, so werden wir erst seinen Glanz entdecken, in der Verhüllung spricht es dann mit Klarheit und zeigt die Wahrheit.

6 In der Verhüllung leuchtet das Geheimnis das mir entzieht sich, und das niemals mein ist. So hat auch Christus sich verhüllt verborgen,und war geborgen.

7 Aus dem Geheimnis ein Geheimnis machen, den Schleier und das Unsagbare lassen. Gott, du Verborgner, wirst es einst entschleiern, dass wir dich feiern.

8 Gott ist Geheimnis, das wir nicht durchdringen. Gott ist Geheimnis, das wir nicht bezwingen. Statt dem Versuch, ihn für uns ganz zu fassen: ihn Gott sein lassen! __

2 *Gott ist Geheimnis*

Mel: GL 347 Der Geist des Herrn erfüllt die Welt (795)

1 Ein Engel hat mich heut berührt:
ich stand sofort in Flammen
Ich habe Seine Hand gespürt
Er rief mich still beim Namen.
Er hat den Geist in mir entbrannt,
im Feuer hab ich IHN erkannt:
der Glut ist und Geheimnis

2 Der Engel nahm mich bei der
Hand und führte mich im Geiste,
in Gottes Reich, ins Heimatland,
in eine große Weite:
dort wo der Dornbusch ewig brennt
und uns den Namen Gottes nennt,
uns ruft in SEIN Geheimnis

3 Der Engel führte mich im Traum
in Gottes tiefste Tiefen.
Ich stand in einem weiten Raum,
wo alle Heilig riefen.
Und dort saß einer auf dem Thron,
EINER wie einst der Menschen-
sohn: sein Wesen ist Geheimnis

4 Der Engel nahm und stellte mich
ins Herz von allen Dingen
und ich begann ganz innerlich
den Lobpreis anzustimmen.
Hier war die Mitte aller Welt,
nichts andres hier noch wirklich
zählt. wie ER, und als Geheimnis. >

5 Der Engel führte mich hinein
in Gottes tiefes Denken:
es ist so klar, so wahr und rein,
will mich in Ihm versenken.
O heiliges Mysterium
lass mich in Deiner Weisheit ruhn
und über Dich nur staunen

7 O Gottes Weisheit, hoch und tief
Du bist so unbegreiflich
Du, der die Welt ins Leben rief
bist Gott, ganz unvergleichlich,
Du bist Geheimnis voller Kraft
und Dein Geheimnis Leben schafft.
Ihm will ich mich ganz schenken__

3 *Roter Faden Gnade*

Mel: GL 819 Kleines Senfkorn Hoffnung

1 Roter Faden Gnade, uns von Gott geschenkt,
der an allen Tagen, unser Leben lenkt.
Wie ein roter Faden gibt dem Leben Sinn
so zieht Gottes Gnade treu sich durch das Leben hin.

2 Roter Faden Gnade, starkes treues Band,
reichst in jeder Lage uns stets Gottes Hand,
die wir dann ergreifen, und verbunden sind
mit dem Quell. Und reifen daran, werden Gottes Kind

3 Roter Faden Gnade, ohne deine Kraft,
ist der Weg nicht grade, sind wir lau und matt.
Doch durch dich verbunden
mit Gott, unserm Herrn,
sind wir alle Stunden niemals Gottes Heil ganz fern

4 Roter Faden Gnade, wer dich je durchtrennt,
der spürt bald den Schaden: denn Gott wird ihm fremd.
Nicht am Weinstock bleibend sind wir ohne Frucht,
Angst wird für uns treibend werden, wir sind auf der Flucht

5 Roter Faden Gnade, durch dich fließt das Heil
hier in unsre Tage: Glück wird uns zuteil.
Und wenn wir mal trennen dieses Band in Schuld:
wird uns Gott doch kennen, heilen, warten in Geduld.*)

6 Roter Faden Gnade: Gott bleibt an uns dran.
Wo wir Trennung wagen knüpft Er wieder an
Schenkt uns die Versöhnung
zieht uns nah ans Herz*)
Gnade ist die Krönung, führt uns immer himmelwärts.

7 Roter Faden Gnade, unbegreif-lich groß
bei uns alle Tage, fällst uns in den Schoß.
Richtschnur sei dein Faden auf dem Weg zum Ziel.
Lass uns vieles wagen heute in dem heilgen Spiel

**) Wenn der Mensch in der Sünde den Verbindungsfaden zu Gott durchtrennt, dann knüpft Gott in der Versöhnung die Verbindung wieder zusammen, sodass jedes Mal der Faden kürzer wird und somit Gott und Mensch sogar noch näher zusammen kommen. „O glückliche Schuld!"(nach einer Legende)* __
→20, 275-288

Wacht auf
ihr Christen, seid bereit

Lieder, die Klartext singen
(Introitus II)

4 *Christsein ist Sein im Gegenwind – Aufwind – Rückenwind*

Mel: GL 381 Dein Lob Herr ruft der Himmel aus (1)

1 Christsein ist Sein im Gegenwind.
Weil wir von dieser Welt nicht sind,
sind Sand wir im Getriebe.
Wir säen Wahrheit, ernten Sturm
und stehn doch wie ein starker Turm
in Gottes fester Liebe.

2 Weil Christus von der Welt gehasst,
da er in ihr Konzept nicht passt,
sind wir mit ihm betroffen.
Wenn wirklich wir wie Christus sind
trifft uns der Hass der Welt, ganz blind.
Doch lieben wir und hoffen.

3 Die Welt, sie tut so tolerant,
doch drängt sie schnell uns an den Rand,
wenn wir uns ihr nicht fügen.
Mit Gottes Wahrheit nehmen wir
der Welten Ordnung ins Visier
enttarnen sie als Lügen.

4 Der Welt wir sagen sehr bewusst,
wie manches Tun auf Treibsand fußt;
das wird sie bald schon sehen.
Sie hat nichts, was ihr wirklich frommt.
Wir wissen: Unser Herr, er kommt
doch ihre Herren gehen.

5 Wer Gegenwind niemals erfährt
ihn meidet, und bleibt unversehrt
kann sich die Frage stellen,
ob er nicht längst im Strom mitschwimmt,
nur um sich kreist, im Eigenwind,
in lauen Weltgeist-Wellen.

6 Christsein ist nicht nur Hochgefühl
es führt mit Christus ins Gewühl
von stündlicher Entscheidung,
stellt uns ans Kreuz des Christus hin.
Der Glaube ist nicht Eigensinn
und nicht nur fromme Neigung

7 Wie gut, dass wir trotz Gegenwind
doch letztlich schon im Aufwind sind
der Herr zieht uns nach oben;
befreit uns vom Gesetz der Welt,
in der nur gilt, was schmeckt und zählt.
Wir sind gut aufgehoben.

8 Die Kirche gibt uns Rückenwind
da wir dort nicht alleine sind;
wir haben dort Gefährten.
Und Christus ruft uns selbst heraus
aus komfortablem Glaubens-Haus,
dass wir drin nicht versterben

9 Wir lassen alle Angst zurück;
mit Christus sein, ist unser Glück.
Wir können widerstehen.
Wir übertreten – und sind quitt –
der Welt Gesetze, Schritt für Schritt
wenn sie für Unrecht stehen. >

10 Sei Gegenwind in einer Zeit
die windschief ist, und
sprungbereit
auf Gott nicht mehr zu hören.
Da kannst du Christi Zeuge sein.
Denn Er ist nur der Herr allein.
So lasst uns weiter stören.

11 Und würdest du dazu befragt,
vor menschlichem Gericht verklagt,
deswegen, weil du Christ bist.
Kannst du beweisen, dass das
stimmt?
Bist du dann selbst ein Gegenwind,
der Wind von Gottes Sturm ist? __

5 *Das Lied des Mitleidens mit Gottes Verlassenheit*

Mel.: GL 422 Ich steh vor dir mit leeren Händen, Herr (2)

1 Herr, unser Gott bist du, wer hält
es aus, dass du der so viel Liebe
trägt im Herzen,
dass du es bist, den man so quält
und schlägt, wo du doch zärtlich
stets zu uns gewesen.
Was kann ich tun in deinem Unter-
gang?
Wie soll ich gehen, Herr, wie zu dir
stehen?

2 Herr, unser Gott bist du, kann es
denn sein, dass du selbst von den
Deinen wirst verachtet,
dass du es bist, den mancher gar
verflucht, doch du hörst niemals auf
und wirst uns immer rufen.
Wo geht es hin, Herr, hier mit einer
Welt, die dich nicht haben will,
nicht zu dir stehen.

3 Herr unser Gott bist du, es tut mir
leid, dass man belügt dich und
betrügt mit Schmerzen
dass du getroffen bist und ganz
betrübt, verletzt, verwundet tief in
deinem Herzen.
Wie hältst du´s aus, Herr, jeden Tag
mit uns,
die wir so kalt sind und so falsch im
Herzen

4 Herr unser Gott bist du, ich finde
schlimm, dass du, der Durst hat
stets nach unsrer Liebe,
dass du von uns oft Essig nur
bekommst, anstatt dem reinen Wein
aus süßen Trauben,
der du dein Herzblut uns gegeben
hast,
um unsres Lebens Durst für alle
Zeit zu stillen

5 Herr, unser Gott bist du, ich will
so gern, dass meine Liebe du kannst
deutlich spüren,
dass du dich freust daran und nicht
bereust,
dass du für mich gegeben hast dein
Leben,
dass du auch weiter zu uns allen
stehst, und wir zu dir stehn selbst in
allem Fallen

6 Herr, unser Gott bist du, komm
hilf mir sehr, damit dein Wort in
meinem ganzen Leben
die Oberhand stets neu gewinnen
wird.
Mir tut es leid, dass ich so lang
verirrt ging.
Mein Herz, es weint, denn so oft
ich vergaß, dass du, der Gute Hirte,
mich wirst suchen

7 Herr, unser Gott bist du, ich sorg
dafür, dass du die Antwort findest,
die dir zusteht.
Ich schenk dir hin, dass all mein >

Sinn sich nährt,
an deinem Wort, Herr, und an den Geboten.
Ich will, dass du, Herr, meinen Dank verspürst. Und dass mein Herz ganz stark ist, dich zu lieben.
*(in Stimmung zu diesem Text hat mich ein Lied von Kathi Stimmer-Salzeder gebracht / Kölner GL 762)*__

6 *Herr, wo bleibt dein Zorn*

Mel.: GL 762 Ganz beraubt bist du (3)

1 Herr, wo bleibt dein Zorn
den du uns angesagt
so viele tausendmal durch die Propheten und so fort
die ungefragt
ihn angesagt im Wort.
Ich seh doch selbst
es wäre dran
dass du ihn zu uns schickst.
Ich seh doch selbst.

2 Herr, wo bleibt dein Zorn
bei allem, was geschieht
an Gräueln tausendmal durch Menschentun an heilgem Ort:
im Mutterschoß
passiert so bloß der Mord.
Wir lassen zu.
Kannst du´s ansehn,
was Kindern da geschieht?
Wir lassen zu.

3 Herr, wo bleibt dein Zorn,
wenn Menschenlust hingeht
und mit dem Heiligtum des Leibes spielt im bösen Kult,
dies „Lieben" nennt;
doch sich verrennt in Schuld.
Wir sind´s gewohnt
wenn sich der Mensch
so dreist an dir vergeht.
Wir sind´s gewohnt.

4 Herr, wo bleibt dein Zorn,
der wohl schon feurig brennt,
weil wir vergessen haben Ehrfurcht und Respekt vor dir
wir nutzen dich
für unser Ich in Gier.
Wir nehmen dich
nicht ganz für voll.
Wer beugt sich noch vor dir?
Wir nehmen dich.

5 Herr, wo bleibt dein Zorn,
wenn du erleben musst,
wie nur ein Teil der Menschen satt wird, lebt in Saus und Braus
und andre nicht
und deren Licht geht aus.
Wir wissen´s auch
was da nicht stimmt
und bleiben doch so kalt.
Wir wissen´s auch.

6 Herr, wo bleibt dein Zorn,
wenn du verachtet wirst
durch Ehebruch und Treuebruch,
die dir geschehn so viel,
Abgötterei,
ich bin dabei im Spiel!
Als wär´s ein Recht
betrügt man leicht
der And´re wird versetzt.
Als wär´s ein Recht.

7 Herr, wo ist dein Zorn?
Ich weiß, dass er dich reut
In deiner Langmut schaust du viele Jahre in Geduld.
Und gibst uns Zeit
erträgst das Leid in Huld.
Willst nicht zum Tod
des Sünders stehn
willst seine Umkehr sehn
Und gibt's uns Zeit. >

8 Herr, wo ist dein Zorn?
Er wirkt im Menschen selbst
der kann in seiner Freiheit selber
sich das Leid antun.
Du lässt ihn frei
an dir vorbei zu tun
was er selbst wählt; und überlässt
ihn seinem wirren Geist.
Was er selbst wählt.

9 Herr, wo ist m e i n Zorn?
So fragst du heute mich
wenn ich mit deinen Augen schau´
der Welt ins Herz hinein
Ob´s mich nicht zürnt
wie sich da türmt das Nein
das dich verletzt.
Ich würd verstehn
wenn sich dein Zorn entlädt.
Ich würd verstehn.
(Beim Singen: Wiederholung der Takte 12-18)
Doch mit Geduld wartest du zu
gibst Chancen immer neu.
Lass mich´s verstehn! __

7 *Gott der Herr ruft seine Erde*

Mel: GL 280 Singt dem König Freudenpsalmen (4)

1 Gott der Herr ruft seine Erde,
seine Schöpfung vor Gericht,
auf dass endlich Klarheit werde,
kommt sie vor sein Angesicht.
Gottes Schönheit strahlt begehrend
wenn er so zur Erde spricht;
Feuer läuft voraus, verzehrend.
Er ruft laut und er schweigt nicht

2 „Bringt zusammen meine Frommen
die mich feiern in dem Bund.
Alle sollen vor mich kommen,
allen gebe ich dies kund:
Ich, dein Gott, will mit dir rechten
und zur Rede stellen dich;
ich will dein Bemühn nicht achten,
doch dich fragen: Liebst du mich?

3 Du führst Gottes Lob im Munde
feierst mich im Gottesdienst,
gabst von den Geboten Kunde,
wenn du fromm vor mir erschienst.
Doch dein Herz, es lässt mich sehen,
dass mein Wort dich kaum erreicht.
Du willst eigne Wege gehen,
nimmst mein Wollen viel zu leicht.

4 Hast dir oft zurecht gebogen,
meinen Willen, mein Gebot.
Hast dich selbst um das beloge
was mir zusteht, deinem Gott.
Du hast frevelnd dich erhoben,
und dich aufgespielt als Gott;
hast den Nächsten gar betrogen,
ihn verleumdet, ohne Not.

5 So bist du! Und ich soll schweigen,
deinem Tun nur schauen zu?
Soll Vergessen drüber breiten?
Meinst du denn, ich bin wie du?
Nein, ich will dir gründlich sagen,
was an Bösem du getan;
Ich will´s nennen und beklagen,
wie der Mensch so sein nur kann.

6 Ihr, die ihr habt Gott vergessen,
hört mir zu, zu eurem Heil.
Steht es mir doch im Ermessen,
was von mir euch wird zuteil.
Wer mich ehrt, nicht nur mit Worten,
und wer gerade Wege geht,
meiner Weisung wird antworten,
dessen Heil zum Besten steht“.

7 Gott der Herr ruft seine Erde,
ruft uns vor sein Angesicht,
dass Gerechtigkeit nun werde, >

ruft er laut und schweiget nicht.
Er braucht von uns keine Gaben,
ihm gehört doch schon die Welt.
Er will unsre Herzen haben,
Dies allein für ihn nur zählt.

8 Was Gott ganz entspricht als Gabe, ist ein Wesen, klar und rein und ein Geist, der schlicht und grade
willig will zu Diensten sein.
Gott, ein reines Herz erschaffe
mir und gib Beständigkeit.
Dass mein Loblied nie erschlaffe
bis in alle Ewigkeit.
nach Psalm 49 = Strophen 1-7 und Psalm 50 = Strophe 8 __

8 *Die enge Tür*

Mel: GL 144 Nun jauchzt dem Herren alle Welt (30)
1 Wer tritt einst durch die enge Tür?
Der Gott liebt und tritt ein dafür,
für Gottes starke Heiligkeit,
und ihn liebt in Lebendigkeit.

2 Nicht jeder, der „Herr, Herr!“ schnell sagt und sonst nach Gott nur wenig fragt, wird dann eintreten. Denn Gott spricht ein klares Wort: Ich kenn dich nicht

3 Du, Mensch stehst draußen und klopfst an: Herr, öffne, dass ich kommen kann. Von drinnen spricht zu dir der Herr:
Wer bist du denn, wo kommst du her?

4 Wir sagen: Herr, erinn´re dich, wir saßen doch mit dir zu Tisch, du hast uns selbst sogar gelehrt.
Weshalb der Eintritt jetzt verwehrt?

5 Wir reichen dann den Taufschein nach. Doch der lag meistens völlig brach.
Die Taufe blieb ein leerer Schein,
wir traten nicht in Christus ein

6 Verschlossen ist für uns das Tor
und Flammenengel stehn davor.
Manch andrer kommt zur Tür hinein
von dem man dacht: das kann nie sein.

7 Die Tür ist nämlich Jesus Christ
wer in ihm bleibt, schon drinnen ist.
Wen Christus so sein eigen nennt,
den deshalb auch der Vater kennt.

8 Trau nicht der falschen Sicherheit: ein Christsein nur der Äußerlichkeit
Bei wem das Herz bleibt außen vor,
steht draußen einst vor´m engen Tor.

9 Breit ist der Weg, den viele gehn
hin zum Verderben, wie wir sehn.
Geh durch die enge Tür hinein,
entscheide dich zum Seligsein.
zu Lukas 13,22 f. __

9 *So sein wie Gott?!*

(52)

Mel: GL 252 Gelobet seist du Jesu Christ
1 Die alte Frage bleibt stets neu.
Denn der Mensch fragt ohne Scheu.
Bin ich wie Gott? so lautet sie
Auch heut verstummt die Frage nie.
Kyrieleis

2 Vom Anfang der Geschichte an fragt der Mensch, was er wohl kann.
So sein wie Gott! ist sein Begehr.
Er sucht sich selbst und seine Ehr.
Kyrieleis. >

3 Was einst im Paradies geschehn
das ist heut erneut zu sehn.
Es greift der Mensch nach Gottes Macht.
In ihm ist Hochmut aufgewacht. Kyrieleis.

4 Der Mensch will Herr sein, so wie Gott, über Leben und den Tod,
nimmt alles ehrfurchtslos zur Hand,
nichts hat vor seinem Trieb Bestand. Kyrieleis.

5 Die Wahrheit deutet er sich um,
und macht alles Gerade krumm,
was böse ist, er gut nun nennt,
das Gute er schon kaum mehr kennt. Kyrieleis

6 Auch den Geboten steht er fern,
sieht darin nicht mehr den Herrn.
Ist falsch, so wie die Schlange war
und hält sich selbst für klug und wahr. Kyrieleis.

7 So mancher stellt vor Gott sich hin,
keine Weisung mehr im Sinn,
die Sünde fordert er als Recht;
fühlt sich als Herr. Und Gott sein Knecht. Kyrieleis.

8 Doch kommt der Hochmut vor dem Fall, wie zu sehn ist überall.
Der Mensch im eignen Netz sich fängt, den Lohn für seinen Wahn empfängt. Kyrieleis.

9 So wie Gott sein! erreicht nur der,
der sich müht um Gottes Ehr.
Vergöttlichung wird uns geschenkt.
Gott handelt frei, der Mensch beschränkt. Kyrieleis __

10 *Tand*

Mel: GL 873 Der Herr bricht ein um Mitternacht oder GL 403 Nun danket all und bringet Ehr (63)

1 Was groß erscheint in dieser Welt, ob Ansehn oder Geld
ob Macht und Wissen oder Stand
das alles ist nur Tand.

2 Ist Tand, nur Tand in Menschenhand, verfliegt, so wie der Sand
unhaltbar durch die Finger rinnt
wer darauf baut, der spinnt

3 der spinnt nur Fäden wie aus Traum und alles ist nur Flaum.
Ein solcher Faden hält nun nicht
was er dem Mensch verspricht.

4 So mancher sich verrechnen tut
und meint, er macht es gut.
Denkt sich, ich bin mein eigner Herr schert sich um Gott nicht sehr

5 Es hat der schnell was übersehn
der sich als Herr vorkommt.
Die Herren dieser Welt, die gehn
doch unser Herr, Er kommt

6 Die Herren dieser Welt: wie schlimm, sie g e h n nicht nur dahin
Sie s t ü r z e n tief vom hohen Thron, die Grube ist ihr Lohn,

7 die selbst sie gruben ganz gemein,
sie fallen selber rein
O Mensch grab dir kein Leben ab
grab dir nicht selbst dein Grab.

8 Der Hochmut kommt stets vor dem Fall, und der kommt oft als Knall.
Der Mensch, der sich als frei >

ausrief
wenn der fällt, fällt er tief.

9 Denn Tand, nur Tand in Menschenhand ist manchmal sein Verstand, wenn der nur in sich selbst verliebt
und nicht mehr hört und sieht

10 Vernünftig ist, wer klar vernimmt, was Wahrheit ist und stimmt wer auf Gott hört, der hat Vernunft und hat bei ihm Zukunft.__

11 *Leben und Tod lege ich dir vor*

(66)

Mel: GL 140 Kommt herbei singt dem Herrn (ohne Wiederholung des 1.Teils)

1 Leben, Glück. Unglück, Tod / legt der Herr uns Menschen vor. / Und wir können uns entscheiden / können wählen, was wir tun. / Werden dann das Leben finden, / wenn wir tun, was er uns sagt.

2 Mancher Weg, den wir gehn / führt uns Menschen in das Nichts. / Und wir werden aufgerieben, / und wir finden nicht das Glück. / Gott allein kann es uns geben, / denn er ist „der Gott mit uns"!

3 Ja, er ist, Gott für uns, / unser Leben, unser Glück. / Sagt uns: Wähle heut das Leben, / halte fest an meinem Wort. / Und wir werden Segen ernten / wenn wir lieben, Gott, den Herrn.

4 Wer auf Gott fest vertraut, / findet in ihm ganz sein Glück./
Darum lasst uns ihm jetzt folgen, / und auf seine Stimme hör´n, /
Darum lasst uns heut ihn loben. / Gott ist groß, unendlich gut. __

12 *Gedenke du bist Staub*

Mel: GL 144 Nun jauchzt dem Herren alle Welt (68)

1 Gedenke Mensch, dass du bist Staub, / wie Asche von verbranntem Laub. / Doch Gottes Hauch dir Atem schenkt, / die Liebe dich zum Leben lenkt.

2 Mensch, brennst du noch für deinen Gott / in Liebe, stärker als der Tod? / Nur wenn dein Herz für ihn bleibt kalt, / dann bist du Asche, grau und alt.

3 In jeder Asche schläft meist Glut, / Mensch, weck sie auf mit neuem Mut. / Entzünd dein Feuer heute neu, / kehr um zu Gott und sei ihm treu.

4 Der Geist bläst dir das Feuer an, / sein Atem dich erwecken kann. / Setz dich ihm aus und seinem Wind, / wirst neu geboren wie ein Kind.

5 Aus Staub und Asche auferstehn / und einst das ewge Leben sehn. / Das ist dein großes Lebensziel. / Drum liebe Gott ganz treu und viel__

13 *Die Kirche aller Zeiten*

*Mel: GL478 Ein Haus voll Glorie schauet (die ersten 9 Takte werden wiederholt, dann folgt der Kehrvers. Alternativ kann man aus jeder Strophe zwei machen, jeweils ab *) (97)*

1 Die Kirche aller Zeiten steht oft im Gegenwind
in manchen Schwierigkeiten, die ihr verheißen sind
*Von außen und von innen, wird heftig sie bedrängt. >

Sie kann dem nicht entrinnen, weil sie an Christus hängt
Kv: Gott, du liebst dein Haus, spendest Segen aus
Dein Haus steht fest im All: und keiner bringt´s zu Fall

2 Vom Herrn ist ihr versprochen, dass sie sein Schicksal teilt; gehasst, oft fast gebrochen, steht sie im Widerstreit.
*Die Kirche setzt ein Zeichen, wenn sie umstritten ist, wird darin Christus gleichen, nach dem sie sich bemisst. Gott, du liebst dein Haus, spendest Segen aus.
Dein Haus steht fest im All: und keiner bringt´s zu Fall

3 Sie wird die Welt aufstören, denn sie *ist* Widerspruch. Die Welt wird sich empören, die Kirche erntet Fluch.
*In sie ist eingedrungen der Weltgeist insgeheim. sie also notgedrungen muss wachsam kritisch sein.
Gott, du liebst dein Haus, spendest Segen aus
Dein Haus steht fest im All: und keiner bringt´s zu Fall

4 Selbst in den eignen Mauern, sind Menschen wie ein Feind, die kritisch sie belauern, und mancher sie verneint
*Verborgen ist das Wesen der Kirche vor der Welt
In ihren Schätzen lesen kann nur, wer zu ihr hält
Gott, du liebst dein Haus, spendest Segen aus
Dein Haus steht fest im All: und keiner bringt´s zu Fall

5 Man sieht die Kirche schwinden, bei uns, und gerade heut. Wird ER noch Glauben finden? Tut Wunder ER erneut?
*In Wehen und in Schmerzen lebt neu die Kirche auf. Und tief in ihrem Herzen, das Heil nimmt seinen Lauf.
Gott, du liebst dein Haus, spendest Segen aus
Dein Haus steht fest im All: und keiner bringt´s zu Fall.

6 Vom Gottesgeist geboren erwächst in kurzer Frist ein Volk, das auserkoren, Gott ganz gehorsam ist
*Ein Volk, das neu sich heiligt, gestärkt vom Heil´gen Geist, dass sich am Dienst beteiligt, nicht um sich selber kreist.
Gott, du liebst dein Haus, spendest Segen aus
Dein Haus steht fest im All: und keiner bringt´s zu Fall

7 Die Kirche sammelt Leute, mit tiefem Blick und Sinn. Daraus erwächst im Heute ihr tausendfach Gewinn
*Sie ist ein Haus voll Glorie, weit über Stadt und Land, in heiliger Historie, aus Gottes Meisterhand
Gott, du liebst dein Haus, spendest Segen aus
Dein Haus steht fest im All: und keiner bringt´s zu Fall

8 Gott hat sie ausgestattet, mit Schönheit und mit Glanz, vom Geist ganz überschattet, trägt sie den Siegeskranz (sofort Refrain):
Gott, du liebst dein Haus, spendest Segen aus >

Dein Haus steht fest im All: und keiner bringt´s zu Fall. __

14 *Dies irae* *Lied der Hoffnung*

Das „Dies irae“, das ich hier mit Hilfe eines vorliegenden Textes (neu) geschrieben habe, ist für mich der ehrlichste und hoffnungsvollste Hymnus der Kirche; er beschreibt trotz der düsteren Bilder zu Beginn am Schluss doch eine Hoffnung weckende und hoffnungsvolle Perspektive. Ich habe den Hymnus durch die Beschäftigung mit ihm lieb gewonnen und er hat seine rein düstere Sicht verloren. (eingeklammerte Texte: alternative Formulierungen)
Dieser Text kann gesungen werden nach der Mel: GL 532 Christi Mutter stand...(Die letzte halbe Note wird dabei als zwei Viertelnoten gesungen) (131)

1 Tag des Zornes, da Erschrecken
feurig wird den Menschen wecken;
seine Wahrheit aufzudecken.

2 Bebend wird er dann ertragen,
da der Richter kommt mit Fragen,
strikt zu prüfen alle Klagen.

3 Schreiend wird der Ruf erklingen,
wird durch alle Gräber dringen,
Alle hin zum Throne zwingen.

4 Staunend wird der Mensch erleben, wie sich alle da erheben
und dem Richter Antwort geben.

5 Wie ein offnes Buch steht jeder
arm vor Gott, dem reichen Geber,
und entdeckt sich selbst als Täter,
(sieht sich selbst als geiz´gen Täter)

6 wird sich wie im Spiegel sehen,
alle Täuschung wird vergehen
keiner wird mehr stolz dastehen.

7 Reue wird wie Feuer brennen,
jeder wird sich ganz erkennen,
wie auch Gott wird ganz ihn kennen.

8 Wer sich selbst zum Herrn erkoren, töricht lebte wie die Toren,
wird zum Knecht, hat sich verloren.

9 Sitzt der Richter dann und richtet
wird Verborgenes gelichtet;
keiner ist, der davor flüchtet.

10 Zornig über sein Versagen
wird der Mensch sich selbst anklagen: für sein Nein an vielen Tagen.

11 Ach, was werd ich Armer sagen?
Wen als Beistand mir erfragen?
Wo Gerechte selbst verzagen!

12 König mächtiger Gewalten!
Mich kann dein Erbarmen halten!
Lass, Erlöser, Gnade walten!

13 Jesus, Güte, magst erwägen,
dass du Mensch warst meinetwegen.
Schick mich nicht dem Nichts entgegen.

14 Bist, mich suchend,
weit *(müd)* gegangen,
mir zum Heil am Kreuz gehangen.
Lass dein´ Müh *(Werk)* ans Ziel gelangen.

15 Richter, Herr, dein wär´ die Rache.
Nachlass gib in meiner Sache,
wenn ich zum Gericht erwache,

16 seufzend, weil in Schuld befangen; Scham steigt rot mir in die Wangen: Lass mich Schonung doch erlangen. >

17 Freispruch gabst du einst Marien.
Hast dem Schächer gleich verziehen; dadurch Hoffnung mir verliehen.

18 Wenig würdig ist mein Beten; doch geläutert lass zum Leben mich aus deinem Feuer treten.

19 Steht es einst auf Messers Schneide, schenk mir bei den Guten Bleibe, stell mich auf die richt´ge Seite.

20 Wenn die Zeit der Üblen endet, sich ihr Blatt so höllisch wendet:
(sich im Feuer höllisch wendet)
mich mach still in dir vollendet.

21 Tief zerknirscht, mein Herz zerrieben, fast nur Asche ist geblieben: nimm mich an! Du kannst mich lieben. *(nimm mich auf in dein Belieben.)*

22 Tag der Tränen und der Wehen wird da Neugeburt geschehen?
Und wenn uns die Sünden binden?

23 Lass uns Lösung, Herr, dann finden.
Dein Erbarmen wird erscheinen den Barmherzigen und Reinen.

24 Doch die da voll Hochmut stehen
die zerstreust du, lässt sie gehen, werden sie dein Licht wohl sehen?

25 Milder Jesus, deine Güte
uns vor ewgem Tod behüte.
Amen. Schenk uns neue Blüte.__

15 *Jenseits von hier*

Mel: GL 91 In dieser Nacht (132)

1 Am Ende bleibt nach aller Lebenszeit , trotz Lebenslust und Freud doch nur das Sterben
Der Tod, so schwer, kommt irgendwann daher legt in den Weg sich quer, und macht uns Scherben.

2 Wer sind wir dann? Wer fängt mit uns neu an, denn keiner von uns kann sich Leben geben!
Von finstrer Macht sind wir nun überwacht, der langen dunklen Nacht jäh preisgegeben.

3 Doch aus dem Grab, wird jeder, der da lag aufstehn, so wie´s gesagt, nach den drei Tagen. In Zuversicht, mit Tränen im Gesicht, fast blind, weil wir das Licht noch nicht ertragen.

4 Im Angesicht stehn wir dann im Gericht und Gottes helles Licht wird uns anblicken.Wenn unser Ja zu Gott stets fruchtbar war, wird das uns wunderbar ins Leben schicken.

5 Dann sind wir frei, der Bann ist jetzt vorbei, die Angst war mit dabei: doch sieh, wir leben. Es singt die Schar, die tot in Fesseln war nun das Halleluja; wer kann sie zählen?

6 Jenseits vom Tod ist schon das Morgenrot, das uns nach Nacht und Not den Tag lässt schauen.
Uns lockt ein Ziel, das unserm Herz gefiel, Gott gibt davon so viel. Lasst uns ihm trauen! __

16 *Sind so viele Geister*

Mel: altes GL 147 Sieh dein Licht will kommen (150)

1 Sind so viele Geister,
Geister, wie da Menschen sind,
Wer ist wessen Geistes Kind?
Und zu wem gehört er?
Komm in uns, du Geist des Herrn,
dass wir dir nur dienen

2 Wer prüft seine Geister?
Wer erkennt den Geist der Welt,
der die Sicht auf Gott verstellt?
Widersacher heißt er!
Komm in uns, du Geist des Herrn,
gib uns helle Augen

3 Wer kann unterscheiden,
ob ein Geist von Gott her ist?
Oder uns mit Trug und List
will von Gott forttreiben.
Komm in uns, du Geist des Herrn,
dass wir uns nicht irren.

4 Geister, die wir riefen
werden wir oft nicht mehr los,
mehren sich und werden groß,
heimlich, da wir schliefen
Komm in uns, du Geist des Herrn,
dass wir wachsam werden.

5 Falsche Geister führen
Böses uns als Gutes vor
schmeicheln lockend unserm Ohr
wollen Zweifel schüren.
Komm in uns, du Geist des Herrn,
lass uns standhaft bleiben.

6 Geist, der her von Gott kommt:
du hast für uns guten Rat,
leitest an zur rechten Tat
dass wir tun, was Gott frommt.
Komm in uns, du Geist des
Herrn, dass wir treu dir bleiben. __

17 *Wenn Gott vergessen wird*

(153)

Mel: GL 479 Eine große Stadt ersteht

1 Wenn die Menschheit Gott
vergisst, von ihm spricht und ihn
bemisst
nur nach ihrem Maß,
dann wird Gottes Welt verdreht,
er beraubt der Majestät.
Und sein Bild wird blass.

2 Wen die Ehrfurcht nicht mehr
führt,
wer die Gottesfurcht verliert ,
der verliert auch sich.
Wer vor Gott sich nicht mehr beugt
und das Niederknien scheut,
stirbt gebeugt im Ich.

3 Wer den Anspruch nicht mehr
spürt,
mit dem Gott ihn stets berührt,
der fällt aus dem Lot.
Er macht Gott zu seinem Knecht,
macht sich das Gebot zurecht; und
erniedrigt Gott.

4 Manch ein Mensch vor Gott
einklagt,
der soll tun, was er ihm sagt;
wie´s dem Mensch gefällt.
Er macht das für Gott zur Pflicht,
was er will und was auch nicht;
nach dem Spiel der Welt.

5 So verdreht sich das Gewicht:
der Mensch zählt, und Gott zählt
nicht; er wird zum Relikt,
wird für Menschenzweck
gebraucht,
statt dass er uns nimmt und braucht;
und zur Umkehr schickt. >

6 Mancher will den Anspruch drehn,
um die Umkehr zu umgehn;
die nur hilft allein.
Heiligung geschieht nur dort,
wo der Mensch dem Gotteswort
will gehorsam sein.

7 Die Bekehrung ist der Weg, der zum Herzen Gottes geht,
und zum Leben führt.
Die Entscheidung gut uns tut. Gott gibt selbst uns Glaubensmut, der das Feuer schürt. __

18 *Warum verfolgst du mich?*

Mel: GL 409 Singt dem Herrn ein neues Lied (173)

1 Sag, warum verfolgst du mich,
Saulus, ohne Gnade.
Denn die Kirche, das bin ich,
heut und alle Tage.
Saulus weißt du, wer ICH BIN?
Schau auf meine Kirche hin,
sie wird es dir sagen.

2 Wenn du sie verfolgen wirst,
mich wirst du dann schlagen;
dann bin ich es, den du triffst,
den du wirst anklagen.
Saulus, in ihr lebt mein Heil.
nimmt an meiner Ehre teil:
sie ist voll der Gnaden.

3 Da fuhr Christi Geist in Saul:
er ward voll der Gnaden:
fiel herab hoch von dem Gaul:
nicht zu seinem Schaden.
Hochmut kommt zumeist zum Fall
bei den Stolzen überall
Das muss Saulus tragen.

4 Saulus war drei Tage blind,
und in böser Lage,
dort wie Jonas er empfing,
Licht für neue Pfade,
konnte schließlich auferstehn
und mit neuen Augen sehn
neue Schritte wagen

5 Saulus dann zu Paulus wird:
voll des Herren Gnade,
ist für Christus Menschenhirt
alle seine Tage.
Christus wird sein Leben sein
setzt für ihn sein Streben ein
weiter ihn zu sagen

6 Mancher heut noch Saulus ist,
und geht ohne Gnade
mit der Kirche ins Gericht,
führt im Mund nur Klage.
Viele sind wie Saulus blind
für die Gnaden, die dort sind;
mancher wird verzagen.

7 Saulus gibt´s auch heute, blind
für die vielen Gnaden,
die in Christi Kirche sind,
heilend allen Schaden.
Christus heute zu uns spricht:
„Meine Kirche, das bin ich!“
Du musst Glauben wagen. __

19 *Gelegen oder ungelegen: verkünde das Evangelium*

(180)

Mel: GL 336 Jesus lebt, mit ihm auch ich

1 Wie ein Zwang liegt es auf mir
feurig, wie die Glut von Kohlen;
ich muss sprechen, jetzt und hier,
wie mir Christus es befohlen. - -
Weh mir, wenn ich es nicht tu,
dann gibt Er mir keine Ruh.

2 Christi Evangelium
soll ich immerdar verkünden,
soll nicht schweigen, soll es tun,
und die Welt damit anzünden. - -
Allen soll ich alles sein,
führen sie in Christus ein. >

3 Christi Auftrag ist´s der drängt,
für sein Wort jetzt einzutreten;
es zu sagen, unbeschränkt;
ungelegen und gelegen. - -
Ob man´s hören will, ob nicht,
es zu tun ist meine Pflicht.

4 Doch es brechen Zeiten an,
wo man die gesunde Lehre,
nicht mehr hören will und kann,
wo man sucht nach neuen
Lehrern, - -
die den Ohren schmeicheln ein
und erzählen Fabeleien.

5 Falsche Lehrer treten auf,
werden unsern Geist verwirren;
nimmt man sie zu lang in Kauf
werden viele sich verirren. - -
Und nur Fasten und Gebet
die Irrgeister fortbewegt.

6 Ist sie noch so klug erdacht,
folge ich doch keiner Fabel,
die Verwirrung mit mir macht,
wie einmal der Turm zu Babel. - -
Ja, ich folge Gott allein.
Allem andren gilt mein Nein.

6 Nüchtern, klar und wachsam sein,
und den guten Kampf vollenden;
niemals trauen falschem Schein
mich der Wahrheit ganz zuwenden.
- -
Treu dem Wort sein, beten viel.
Das bringt sicher mich zum Ziel.

7 Gottes Wort ist wie ein Joch,
ich will´s gerne auf mir tragen.
Es ist leicht und fordert doch
Mühe, will ich´s weitersagen.
Christi Bote treu zu sein,
bringt mir manche Leiden ein.

8 Liegt sein Zwang auch fest auf
mir,
kann mich das doch nicht betrüben.
Christus liebt mich, ich kann hier
mich in seiner Botschaft üben.
Selig bin ich, wenn ich´s tu.
Dann steh ich in seiner Ruh.
nach 1 Kor 9,16 __

20 *Müht euch um euer Heil mit Furcht und Zittern (Der Anfang der Liebe ist die Ehrfurcht)*

Mel: GL 773 Nun freue dich du Christenheit (auch 334) oder GL 461 Mir nach spricht Christus unser Held (#dann entfällt die eingerückte letzte Zeile) (189)

1 Müht euch, spricht das Apostel-
wort,
müht euch mit Furcht und Zittern,
um euer Heil, das ist bei Gott;
lasst euch von ihm erschüttern.
Gott: wie ein Feuer, das verzehrt.
Bedenkt es, wenn ihr ihn verehrt.
#Denn Gott ist groß und heilig

2 Mit Furcht und Zittern nahte sich
einst Mose Gott am Berge,
verhüllte schnell sein Angesicht,
fiel betend auf die Erde.
Der Dornbusch glüht durch Gottes
Glut, verbrennt euch nicht, seid auf
der Hut.
#Denn Gott ist groß und heilig

3 Voll Furcht und Zittern staunten
sie,
als Christus Tote weckte;
und fielen schaudernd auf die Knie,
weil sie die Kraft aufschreckte.
Sie spürten Gott als Heiligtum,
berührt von dem Mysterium.
#Denn Gott ist groß und heilig

4 Mit Furcht und Zittern treten wir
hin zum Geheimnis Gottes,
entdecken seine Größe hier,
die Majestät des Wortes. >

Gott: unbegreiflich fern und nah;
in seiner Liebe ist er da.
#Denn Gott ist groß und heilig

5 Mit Furcht und Staunen können wir
dem großen Gott begegnen;
ihm dienen, so wie´s ihm gebührt
und ihn mit Ehrfurcht segnen.
Die Ehrfurcht ist der Anbeginn
der Liebe und gibt ihr den Sinn.
#Denn Gott ist groß und heilig__

21 *Ordnet euch Gott unter*

Mel:GL 291Holz auf Jesu Schultern (190)

1 Ordnet euch Gott unter, nicht dem Geist der Welt, werdet Freunde Gottes, tut was ihm gefällt. Widersteht dem Teufel, der euch gern betört; er wird vor euch fliehen, wenn ihr Gott gehört.

2 Sucht die Nähe Gottes, dann ist er euch nah, Reinigt eure Hände. Probt ein ganzes Ja.
Läutert eure Herzen, und entscheidet euch; legt euch fest auf Christus und auf Gottes Reich.

3 Lasst ab von der Sünde, die euch trennt von Gott. Des Gewissens Stimme: schlagt sie niemals tot. Weint nicht über andre, vielmehr über euch. Klagt und trauert, machet euer Herz ganz weich.

4 Hört auf mit dem Richten, richtet selbst euch aus, auf den Weg der Liebe. Kehrt das Böse ´raus. Glaubt nicht, dass ihr gut seid. Täuscht euch dabei nicht. Gott sieht vieles an euch, wo er widerspricht.

5 Trügt euch nicht darüber, wie es um euch steht. Glaubt dem lauen Wind nicht, der da säuselnd weht. Traut vielmehr dem Sturmwind, der vom Himmel trieb. Denn Gott ist zwar Liebe, doch er ist nicht lieb.

6 Folgt nicht jenen Schmeichlern, die euch fest umgarnt und mit süßen Reden fangen. Seid gewarnt! Wahre Glaubensfreude kommt aus dem Bemüh´n.
Nur wer Gott in Demut dient ist wahrhaft kühn.

7 Spiel nicht mit dem Feuer, nimm es nicht zu leicht, mach aus deinem Ja zu Gott nicht ein Vielleicht. Christus gab sein Leben. Was denn gibst du ihm? Lass ihn niemals dürstend nach dir weiter ziehn.

8 Glaubt nicht ans Besitztum, das euch bald besetzt. Sucht die Sicherheit nicht nur im Hier und Jetzt.
Ihr plant euer Leben, doch ihr seid nur Rauch, den man eine Weile sieht; dann flieht er auch.

9 Willst du weise werden, sei der Welt ein Narr; glaub der Weisheit Gottes, sie ist wirklich wahr. Toren sind die Menschen durch den Geist der Welt, der nicht hält und trägt, wenn einer ganz tief fällt._

22 *Wohin lebst du?*

(200)

Mel: GL 358 Ich will dich lieben meine Stärke (dann Schlußzeile a)
oder GL 424 Wer nur den lieben Gott lässt walten (dann Schlußzeile b). (Die Anregung zu diesem Lied kam aus dem Fastenzeitthema 2015,, Und wohin lebst >

du?" der Bonner Münsterbasilika. Dort war im Osten ein Fastentuch aufgehängt, mit einem Tor das ins Licht führt. Im Westen war es ein Tor, das ins Dunkle führt. Also in welche Richtung geht dein Leben? Ins Licht? Ins Finstere?

1 Wohin lebst du? In welche Richtung.
Schaust du ins Dunkel oder Licht.
Ist dein Ziel Wahrheit, ist es Dichtung
nur Hirngespinst, das standhält nicht.
Du wirst geführt auf jenem Weg
(a) den du dir *hast* erwählt.
(b) den du dir selber hast erwählt.

2 Wohin lebst du? Wen lässt du führen
als Navigation den Weg.
Kann Gottes Weisung dich berühren.
Und wendest du, solang´s noch geht.
Ein jeder wird von dem gelenkt
(a) dem er Ver*trau*en schenkt
b) dem selbst er sein Vertrauen schenkt

3 Wohin lebst du? Schau auf das Ende: an welchem Tor willst du dann stehn?
Willst du ins Licht, in Gottes Hände
willst du ins Nichts, ins Dunkle gehn?
Du wählst es selbst, es zählt für dich
(a) die Richtung *ist* Gericht.
(b) die Richtung ist schon Gericht.

4 Wohin lebst du? „Lässt du dich gehen" vom breiten Strom, der dich bestimmt?
Sieh doch, der Weg ist schmal zum Leben und eng die Tür zum Lichtquell hin. Ich bin die Tür, sagt Jesus Christ,
(a) wenn du ent*schie*den bist.
(b) wenn du für mich entschieden bist.

5 Wohin lebst du? Traust du dem Westen, wo nicht nur Sonne untergeht.
Das Abendland steht vor den Resten
des Lichts, das einst das Land geprägt. Ob Nacht fällt über unser Land
(a) liegt auch in *dei*ner Hand
(b) liegt auch an dir, in deiner Hand

6 Wohin lebst du? Wenn du getauft bist, ist Christus wirklich auch dein Weg? Ist er die Tür, die für dich Licht ist und Orientierung, die belebt.
Wohin du schaust, dort kommst du hin.
(a) Auf Christus *schaun* gibt Sinn
(b) Auf Christus schauen gibt dir Sinn.

7 Wohin lebst du? Quo vadis. Hast du
das Tor zum Leben schon entdeckt.
Hörst du auf deines Herzens Unruh:
es Christus ist, der dich hier weckt.
Er legt dir Tod und Leben vor:
(a) wähl du das *lichte* Tor.
(b) wähl du das lichte helle Tor. _

23 *Gott lacht über sie*

(208)

Mel: GL 336 Jesus lebt mit ihm auch ich

>

1 Gott der Herr im Himmel lacht
über Menschen die wie Toren,
Pläne gegen ihn gemacht,
mit den Frevlern sich
verschworen. - -
Gott der Herr, lacht über sie,
denn ihr Ziel sie finden nie.

2 Gott der Herr, lacht über sie,
die sich gegen ihn verbünden,
und mit Eifer wie sonst nie,
Gottes Ende laut verkünden. - -
Er verschreckt sie voller Grimm.
Das wird für sie kein Gewinn

3 Warum denn ereifern sich,
die sich wähnen so ganz wichtig.
Warum kreisen sie um Nichts,
warum denken sie so nichtig. - -
Gott, der Herr lacht über sie.
Mehr als Nichts sie finden nie.

4 Gott der Herr, er schaut und lacht,
wie sich die vor ihm gebärden,
die da meinen, ihre Macht
wär das höchste hier auf Erden.- -
Toren sind sie, und es wird,
Gottes Lachen ihr Gericht.

5 Toren sind sie, allesamt,
die sich selber Götter machen;
denn es liegt doch auf der Hand,
Gott sein können niemals
Sachen.- -
Wer trägt Götzen vor sich her,
der betrügt sich selber sehr.

6 Wenn Gott lacht, und wir mit
ihm,
über uns und das Bestreben,
uns zu machen selbst den Sinn.
Nur durch ihn kommt Freud ins
Leben.
Wer sich freut an dem Gebot
der ist selig froh bei Gott.
nach Psalm 2 __

24 ***Erneuert euch – lasst das Alte***

Mel: GL 358 Ich will dich lieben meine Stärke (212)

1 Erneuert euch und euer Leben
erneuert euren Geist und Sinn
müßt nicht nach alten Wegen
streben
euch nicht dem Alten geben hin
Seht Gott der Herr macht alles neu
macht uns zum Guten frei.

2 Lasst uns im neuen Leben
wandeln
als neue Menschen, froh und gut.
Lasst uns nach Christi Vorbild
handeln
uns selbst verwandeln, stark im
Mut.
Seht Gott der Herr macht alles neu
macht uns zum Guten frei.

3 Neu wird der Mensch, neu durch
den Glauben,
und ewges Leben wächst in ihm.
Wer glaubt, der schaut mit neuen
Augen
findet in allem neuen Sinn.
Seht Gott der Herr macht alles neu
macht uns zum Guten frei.

4 Nichts Neues gibt´s unter der
Sonne,
wenn wir nicht selbst das Neue tun
Denn Gott schenkt uns in seinem
Sohne
den Neubeginn im neuen Bund
Seht Gott der Herr macht alles neu
macht uns zum Guten frei. __

25 ***Ganz vermessen***

Mel: GL 149 Liebster Jesus (293)

1 Ganz vermessen, Herr, sind wir,
wenn wir meinen zu besitzen >

Anrecht auf das Heil von dir ,
wenn wir Bilder von dir schnitzen,
auf die wir dann fest dich legen.
So erreicht uns nie dein Segen!

2 Ganz vermessen sind wir, Herr,
wenn wir ohne rechtes Handeln
meinen, dass dein Heil doch wär´
unser Recht, uns nicht zu
wandeln;
bräuchten uns gar nie bewegen.
So erreicht uns nie dein Segen!

3 Ganz vermessen sind wir dann
wenn wir Herr, von Dir erwarten
dass dein Heil uns retten kann
ohne Umkehr aus Erstarrtem.
Wenn wir ändern unser Leben,
dann erreicht uns auch dein Segen.

4 Angemessen für uns ist
für dein Heil uns zu bereiten
Du am Kreuz gestorben bist
uns zum Glauben hinzuleiten.
Gar nicht harmlos ist dies Leben:
doch wer umkehrt findet Segen

5 Angemessen ist als Dank
mit dem Heil wie mit Talenten
arbeiten ein Leben lang
gar nichts davon je verschwenden
Nicht gefahrlos ist das Leben:
doch so finden wir den Segen.

6 Zugemessen ist uns viel
Gott beschenkt uns alle Tage.
Gottes Heil – ein heilges Spiel:
wer gewinnen will, der wage.
Gott wird immer mehr uns geben:
das ist doch der größte Segen __

26 *Der Frevler vor Gott*

Mel: GL 427 Herr deine Güt ist unbegrenzt (297)

1 Der Frevler spricht: Es gibt Gott
nicht, er straft nicht,
es gibt kein Gericht,
so ist sein ganzes Denken.
Anscheinend glückt ihm all sein
Tun, er glaubt, in seinem Glück zu
ruhn
vor nichts hat er Bedenken.
Er rühmt sich selbst nach
Herzenslust
betrügt und lügt aus voller Brust
voll Bosheit seine Zunge.
Er meint, dass sein Haus niemals
wankt, dass er sich nur sich selbst
verdankt,
er habe Gott bezwungen.

2 Doch wird der Frevler leer
ausgehn
und im Gerichte nicht bestehn
wie Spreu wird er verwehen.
Der Herr im hohen Himmel lacht
Gott spottet seiner leeren Macht
und wird ihm widerstehen.
Wer heute meint, er sei so frei
und könne stets an Gott vorbei
nach Lust und Laune leben
sich selbst um seinen Lohn betrügt
und sich mit falschem Glück
begnügt
er wählt den Tod statt Leben.

3 Doch der Gerechte gut gedeiht
weil er sein Leben Gott geweiht
sich freut an Seiner Weisung
Den Weg der Sünder er nicht geht
im Kreis der Spötter er nicht steht
nimmt teil an Gottes Preisung.
Wer nicht dem Rat der Frevler folgt
der ist des Segens Gottes voll
wird reiche Frucht erbringen.
Nicht so, die lachen über Gott
die sind am Ende nicht im Lot.
Ihr Werk wird ganz misslingen.
nach Ps 12 und 1 __

27 *Treulos geworden*

Mel: GL 422 Ich steh vor mit leeren Händen Herr (298)

1 Treulos sind wir geworden, vor dir Herr, von Urzeit an sind treulos wir gewesen.
Gesündigt haben wir vor dir gar sehr, und von den Lippen dir nicht abgelesen
was du erwartest und erhoffst von uns; wir sind so widerspenstig hart im Wesen.

2 Unsre Gerechtigkeit: ein schmutzig´ Kleid! Unreine Menschen sind wir doch geworden, verwelkt wie Laub vor lauter Eitelkeit.
Du hast dein Angesicht vor uns verborgen.
Weil keiner wirklich festhält sich an dir, wir dich trotz Frommsein haben längst verloren?!

3 Niemand ruft deinen Namen wahrhaft an. Wir haben eigne Namen dir gegeben.
Ein jeder nutzt und braucht dich, wie er kann und ist sein eigner Herr, bestimmt sein Leben.
Wir sind nur Ton, o Herr, in deiner Hand: wie schlimm, wenn wir uns über dich erheben.

4 Verwüstet ist die Kirche, deine Stadt, durch unser Tun geriet sie aus den Fugen.
Weil jeder sich an ihr vergriffen hat, sind jene Steine brüchig, die uns trugen.
In Trümmern liegt, was einst war lieb und wert, Mit unsrem Eigensinn wir´s selbst zerschlugen.

5 Komm wie ein Feuer, das uns brennend macht, und lass die Berge, Herr, vor dir erzittern.
Komm uns entgegen, tief, in unsrer Nacht,
lass uns von dir Vergebung heut erbitten.
Ja, du warst zornig, Herr, und das mit Recht. Lass dich auf ewig durch uns nicht verbittern.

6 Kein Ohr hat es gehört, kein Aug gesehn,, dass außer dir es einen andren Gott gibt.
Was wir vergöttern, kann nicht lang bestehn. Bestehn kann nur, wer dich, als seinen Gott liebt. Wer andre Götzen ständig betet an, beraubt sich nur, weil er sich selbst den Tod gibt.

7 So schau auf uns, die wir dich sprechen an, magst unsern Aufstand gegen dich vergeben. Sei für uns einer, der nicht schweigen kann, wenn wir vergeuden sträflich unser Leben. Erheb die Stimme warnend und mit Macht. Damit wir uns an uns nicht überheben. *nach Jes 64* __

28 *Ein halbes Ja: nicht genug*

Mel: GL 423 Wer unterm Schutz des Höchsten (301)

1 Ein halbes Ja ist nicht genug.
Es tut dem Glauben niemals gut,
vor dir o Gott nur halb zu sein;
da bleibt so manches äußrer Schein.
Doch weil du zu mir Ja gesagt
bin ich es, der das Ganze wagt
Ich bin ganz da, wenn ich gefragt.
Und folge dir ganz unverzagt

2 Ein halbes Ja klingt wie Vielleicht.
Dann sind wir schwach und federleicht,
verwehen kann uns jeder Wind >

weil wir zu leicht befunden sind.
Da Gottes Ja zu mir schwer wiegt
wag ich ein Ja, das sich ganz gibt.
Der hat Gewicht, der Gott ganz liebt
Er ist es, der im Wettkampf siegt.

3 Ein halbes Ja füllt mich nicht aus
daraus baut sich kein Glaubenshaus.
Der andre Teil des halben Ja
bringt meinen Glauben in Gefahr.
Weil Gottes Ja mich trägt und stützt
er wie ein Haus ist, das mich schützt
wag ich ein Ja, ganz ungeschützt:
ich schenk es Gott, damit es nützt.

4 Das halbe Ja bahnt keinen Weg
ist eine Brücke, die nicht steht
verbindet nicht von hier nach da
und bringt mich dir Gott wenig nah.
Weil Gottes Ja die Brücke schlägt
und was uns trennt, zusammenträgt
sag ich ganz Ja und unentwegt
bin ich von diesem Ja bewegt

5 Ich wag ein ganzes Ja zu dir
Herr Gott, du sagst es auch zu mir.
Ein Ja zu mir, so wie ich bin
so kann ich umkehrn zu dir hin.
Gott segne mich auf meinem Weg,
dass sich in mir das Herz bewegt
und mich Herr ganz zu dir hin dreht
damit ich ganz bin unentwegt __

29 *Der verlorene Sohn*

Mel: GL 427 Herr deine Güt ist unbegrenzt (315)

1 O Gott, die Zeiten stehen schlecht:
der Mensch bricht täglich Gottes Recht
stellt selbst sich in die Mitte.
Er sucht nicht mehr Barmherzigkeit
er will sein „Recht“ zu jeder Zeit,
will darum nicht mehr bitten.
Was er meint, das ihm stände zu,
das fordert er vom großen Du;
er raubt es sich in Frevel.
Er will auf eignen Füßen stehn
und seine eignen Wege gehn.
Und steht schon fest im Nebel.

2 Vernebelt sind ihm Geist und Sinn,
er schaut nur auf sich selber hin,
will sich nur noch begaffen:
er kehrt zurück zum dumpfen Sein,
von Trieben nur getrieben sein
und will sich selbst erschaffen.
Geschöpf zu sein, das ist ihm fremd,
nur noch sein Wollen er noch kennt,
ist ganz in sich verbogen.
Die Gnade braucht er längst nicht mehr,
er ist ja ganz sein eigner Herr.
Er lebt ganz ungezogen.

3 Ganz ungezogen ist sein Trend,
den Paulus mutig Unzucht nennt;
man muss das klar so sagen!
Der Mensch maßt sich Entscheide an,
was nicht vor Gott bestehen kann,
ihn bremst längst kein Verzagen.
Er biegt sich Gottes Wort zurecht,
Gott wird dabei zu seinem Knecht:
der soll sich nur noch fügen.
Sofern er noch vom Himmel spricht
und hat dies Ziel noch in der Sicht
hat Gott sich zu begnügen

4 Sofern er noch vom Himmel spricht
sieht er den ohne ein Gericht: >

„Wir werden das schon machen!"
„Und alle, alle kommen rein!"
so singt er gern den falschen Reim.
Wird Gott ihn nicht auslachen?
Du Herr im hohen Himmel lachst
und sagst dem Menschen „Was du machst,
gefährdet ernst dein Leben!"
Du legst ihm Tod und Leben vor.
Doch mancher Mensch wählt wie ein Tor,
den Tod, sich selbst gegeben.

5 Den Tod dann selber gibt er sich,
weil er auf Gott will hören nicht,
verspielt sein ganzes Erbe.
Denn was er tut und was er schafft,
was er in Hast zusammenrafft,
ist dann bloß Staub und Erde.
Sein Dasein wird ganz atemlos,
von Angst getrieben, gnadenlos,
ist nirgends mehr geborgen.
Fernab von Gott, vom Vaterhaus
da geht ihm bald der Atem aus,
vor lauter Angst und Sorgen.

6 Der Mensch ist sich selbst gnadenlos
denn, wenn er lässt die Gnade los
muss er allein sich tragen.
Er überhebt sich an dem Plan,
dass er sich selbst nur leben kann:
die Sorge wird ihn jagen.
Er findet dann nicht zu dem Glück,
fällt weit hinter sein Ziel zurück.
Nur Gott ist seine Stärke
Drum beten wir dich an, o Herr
und dienen dir von Herzen sehr
denn groß sind deine Werke. __

30 *Jetzt ist die Zeit aufzustehn*

Mel: GL 552 Herr mach uns stark im Mut der dich bekennt (324)

1 Jetzt ist die Zeit vom Schlafen aufzustehn
und diese Zeit mit wachen Augen sehn.
Wach auf, wach auf, von deinem T o t e nschlaf. Christ e rkenne d e i ne Würde

2 Jetzt ist die Zeit für einen klaren Blick
und der sich wendet zu dem Herrn zurück
Geh hin, geh hin zu ihm mit f e s t e m Schritt
Christ e rkenne d e ine Würde

3 Jetzt ist die Zeit zu trennen Bös und Gut
zum Geist der Unterscheidung stark im Mut
Entscheid, entscheid dich tapfer b i s a u f s Blut. Christ e rkenne d e i ne Würde

4 Jetzt ist die Zeit, die Wahrheit auch zu tun
und nicht nur fromm im Glauben auszuruhn.
Deck auf, deck auf der Lüge f a l s c h e n Ruhm
Christ e rkenne d e ine Würde

5 Jetzt die Zeit, da man uns laut belügt
Böses für gut erklärt, und uns betrügt
Schrei laut, schrei laut weil Schweigen n i c ht g e nügt.
Christ e rkenne d e ine Würde

6 Jetzt ist die Zeit für Gottes Kampf und Streit, das Reich des Bösen treibt es weit und breit. Sei stark, sei stark in Widerw ä r t i gkeit.
Christ e rkenne d e ine Würde >

7 Jetzt ist die Zeit, als Christ zu widerstehn
mit vielen andren Christi Weg zu gehn
Steh auf, steh auf, den Aufstand s o l l st d u sä´en. Christ e rkenne d e ine Würde

8 Jetzt ist die Zeit denn morgen ist´s zu spät
weil dann schon blüht was heute falsch gesät. Greif ein, greif ein, solange e s n o c h geht . Christ e r kenne d e ine Würde __

31 *Das wahre Haus*

(329)

Mel: GL 456 Herr du bist mein Leben

1 Christ sind wir auf Erden
irdisch sind wir nicht;
aus uns soll hier werden
Salz und Himmelslicht;
sind zwar da im Fleische,
leben nicht danach.
Geist muss uns erreichen,
Fleisch ist immer wieder schwach.
Leben nicht im Fleische,
leben schon im Geist,
der uns allen Z u kunft verheißt.

2 Auf der Welt wir leben,
doch sind nicht von ihr;
in uns ein Bestreben,
treibt uns hin zu Dir.
Bürger für den Himmel
werden wir genannt,
sind auf Erden ja für immer
doch nur ein Passant.
Auf der Welt wir gehen,
wie auf fremdem Land;
und das Ziel ist u n s schon
bekannt_

3 Wie die Welt nicht denken!
so der Auftrag heißt;
uns in dich versenken,
wandeln Fleisch in Geist.
Horchen auf die Erde,
doch gehorchen dir;
damit sichtbar werde
wir sind letztlich nicht von hier.
Wie die Welt nicht denken,
wir sind nicht von ihr;
sind gekommen G o t t
einst von dir

4 Neben Erdenhäusern
steht das wahre Haus;
wir es nicht veräußern,
treten dort nicht aus.
Immer weiter treten
wir dort mehr hinein;
werden heut schon betend
Mitbewohner darin sein.
Nicht die Erdenhäuser
sind das wahre Haus,
wir sind allen Häusern voraus

5 Wir stets überbieten
jeden Plan der Welt;
wir wie Christus lieben
dieser Plan, der zählt,
glauben einen Glauben
der die Heimat kennt.
Weltglanz wird verstauben
weil ihm Gottes Glanz ist fremd.
Niemand wird verbieten
dass uns Christus trägt
denn er ist die Wahrheit, der Weg
(nach einem Ausspruch aus dem urchristlichen Brief an Diognet) __

32 *Gott ist anders als wir denken*

Mel: GL 188 Nimm o Gott die Gaben die wir bringen (349)

1 Gott du bist ganz anders als wir denken, >

so ganz anders denkst du als wie wir,
du entziehst dich all unsern Bedenken,
lässt dich nicht begrenzen von unserer Begier

2 Du bist nicht der Knecht von unsern Bildern,
die wir gerne machen uns von dir;
du hältst niemals dich an jene Schilder,
die wir aufgestellt und beschrieben haben hier

3 Du bist wirklich ganz der Gott der Liebe,
doch nicht einfach unser „lieber“ Gott,
bist auch nicht der Gott unserer Siege,
du durchbrichst um unseretwillen jeden Trott

4 Du bist absolut und bist der Starke,
unzähmbar von aller Menschenlist.
Ehrfurcht bist gebietend, der Autarke,
den zu fürchten und den zu lieben heilsam ist.

5 Du bist nicht nur sanft, wie wir es meinen,
Gott, du brüllst von Zion laut herein; *)
doch wie du Gott bist, so gibt es keinen;
und ein leiser Wind kann auch deine Stimme sein *)Joel 4,16

6 Du bist faszinierend und betörend,
ziehst uns an dich, und willst doch Distanz,
du bleibst du und bist nicht uns gehörend:
bist so unbegreifbar, doch machst uns keine Angst

7 Du bist nicht der Spielball unsres Wollens,
du bestimmst ganz machtvoll selbst das Spiel;
bist der Ausgangspunkt all unsres Sollens:
dir zu folgen gibt unsrem Leben bessren Stil

8 Du bist anders als was wir gesungen;
selbst ein Lied erfasst dich niemals ganz.
Was von dir im Lied hier angeklungen,
übersteigst du Gott immer noch durch deinen Glanz __

33 *Warum toben die Heiden*

Mel: GL 470 Wenn das Brot das wir teilen (351)
In der Gedankenwelt von Psalm 2

1 Warum toben die Heiden, wozu, warum?
sinnen Nichtiges, tanzen ums Geld herum, schmieden Pläne und streben nach Gottes Macht,
haben Irrwege listig erdacht;
schmieden Pläne, doch Gott in den Himmeln lacht,
denn schon in einer folgenden Nacht,
kann es aus sein mit all ihrer Pracht

2 Wozu spottet Gott ihrer, warum, wozu weil sie hochmütig sind,
stolz und frech dazu;
rastlos stürmen sie gegen den Himmel an, >

ihn zum Schweigen zu bringen
alsdann;
rastlos rasen sie gegen den
Uhrzeiger an,
atemlos stets wie Sieger voran:
doch Verlierer sind sie irgendwann

3 Wofür strengen sie sich denn nur
an, wofür?
setzen Gott und sein Wort draußen
vor die Tür;
und verbünden sich gern mit dem
Weltengeist,
der das Glück und die Freiheit
verheißt;
und verbünden sich gern mit dem
Geist der Zeit,
der sie täuscht und auf Wege
verweist: wo ihr Leben dann
spurlos entgleist

4 Wieso lärmen die Heiden, wofür,
wieso?
um den Geist zu vertreiben der sie
bedroht, Heidenangst schleicht sich
ein, wenn der Glaube geht,
und der Mensch nur auf Irdischem
steht;
Heidenangst schleicht sich ein,
wenn der Sinn vergeht,
und das Leben im Kreis sich nur
dreht.
Frieden ist dort, wo Gottes Geist
weht

5 Weshalb klagen sie denn, sag
wieso, weshalb?
weil die Fülle nicht wärmt, denn die
lässt sie kalt;
weil die Leere im Geist keine
Herzen füllt,
und den Hunger der Seele nicht
stillt; weil die Leere im Geist jedes
Feuer kühlt;
und das Herz keine Sehnsucht mehr
fühlt
Gottes Bild ist darin ganz verhüllt.

6 Warum fliehn viele Gott, sag
weshalb, warum?
tragen Götzen, die falsch sind, mit
sich herum
und vertrauen auf sie, ihrer kurzen
Sicht;
gehn umher wie mit blindem
Gesicht;
sie vertraun nur sich selbst, ihrem
Leichtgewicht,
sind nur Windhauch, fest stehen sie
nicht:
nur ein Windhauch und alles
zerbricht.

7 Wann denn finden sie Einsicht,
weshalb, wieso
und wann werden sie denn ihres
Lebens froh?
Wenn sie handeln und wandeln
nach Gottes Plan
und sie seine Gebote bejahn.
Wenn sie handeln nicht mehr in
dem Größenwahn
und sich mutig in Demut Gott nahn
finden Einsicht sie doch
irgendwann

8 Wohin wenden wir uns, sag
wozu, wohin?
Wer gibt all unsrem Suchen ein
Ziel, den Sinn?
Ehre sei Gott dem Vater und
seinem Sohn,
und dem Heiligen Geist immer
schon.
Kommt mit Einsicht und Ehrfurcht
vor Gottes Thron,
betet an, und dann findet ihr Lohn:>

betet an, denn Gott schenkt uns den Sohn__

34 *Gott flüstert nicht nur leise*

Mel: GL 178 wir weihn der Erde Gaben oder GL 477 Gott ruft sein Volk zusammen (367)

1 Gott flüstert nicht nur leise
er brüllt vom Zion her *)
sein Wort bricht eine Schneise
bläst ganz Wälder leer.
Gott lässt die Welt erzittern
in heilger Gottesfurcht
wie Sturm, wie in Gewittern
spricht mächtig er hindurch

*) Joel 4,16

2 Gott ist nicht nett und niedlich
er ist die Urgewalt
wer ihn nur braucht ganz lieblich
der macht sein Feuer kalt.
Es wankt und schwankt die Erde
wenn er zur Schöpfung spricht
als guter Hirt der Herde;
doch handzahm ist er nicht.

3 Verzehrend ist sein Feuer
in dem doch nichts verbrennt,
er ist ein Abenteuer,
nur wer es wagt, der kennt
sein Walten, seine Stärke
auch seine Zärtlichkeit.
O Mensch tu deine Werke
im Blick auf Ewigkeit

4 Ganz anders als wir denken
ist Gott viel tausendfach
lässt sich von uns nicht lenken
Du hältst ihn nicht in Schach
Mach ihn in den Gedanken
nicht klein und nicht gemein.
Er übersteigt die Schranken
und wird stets größer sein

5 Gott ist ganz faszinierend
er lockt uns, stets und still
doch muss sich distanzieren
wer nah ihm kommen will
Du kannst es nicht ertragen
wenn du ihm kommst zu nah
und doch musst du es wagen
und ihn anbeten. Ja!

6 Erschütternd ist sein Wesen
du kannst ihn nicht anschaun.
Er bleibt stets ungelesen
man muss ihm blind vertraun.
„Ich bin der Herr, sonst keiner!“
so ruft´s vom Zion her.
Und er, der Herr, ist deiner
gib ihm von dir die Ehr

7 Ihr könnt ihn nicht besitzen
Ihr habt auf ihn kein Recht
kein Bild von ihm euch schnitzen.
das macht ihn euch zum Knecht
Was viele mit ihm machen,
sie rauben ihm die Ehr!
Wir knien vor tausend Sachen
doch er bleibt unser Herr! __

35 *Sich vom Haus des Herrn trennen*

Mel: GL 427 Herr deine Güt ist unbegrenzt (379)

1 Wer sich vom Hause Gottes trennt
sich nicht mehr Kind des Vaters nennt
der geht sich selbst verloren.
Die Sünde führt ins Nichts hinaus.
und lebt man auch in Saus und Braus:
man ist zum Tod geboren.
So viele sind entschlafen schon,
sind tot wie der verlorne Sohn,
und meinen doch zu leben.
Wie Tote gehen wir umher. >

und suchen unsre eigne Ehr
anstatt sie Gott zu geben

2 Sie haben Gott als Gott erkannt,
ihn nicht verehrt, ihm nicht gedankt,
im Nichts gehn sie verloren.
Sie glauben weise schon zu sein
und laden fremde Götter ein,
und werden doch zu Toren.
Denn wer vor Gott das Weite sucht,
vor seinem Wort ist auf der Flucht,
der landet in der Fremde.
Er sucht und sucht und findet nicht;
und irgendwann erlöscht das Licht,
das Glück geht jäh zu Ende.

3 Er tauscht ein Gottes Herrlichkeit,
mit menschlicher Begehrlichkeit,
die Wahrheit gegen Lüge.
Der Mensch, er betet selbst sich an,
macht alles, was er will und kann,
zerstört das Weltgefüge.
Doch in der Ferne wartet Gott,
er will doch nicht des Menschen Tod,
nein, dass er sich bekehre!
Er sendet manchmal eine Not,
dass Hunger wach wird, nicht nach Brot,
nach Gott und seiner Lehre

4 Je größer ist des Menschen Schuld,
je stärker wird auch Gottes Huld;
barmherzig ist er allen.
Er schaut von weitem nach uns aus,
lockt uns zurück zu seinem Haus,
und lässt uns niemals fallen.
Und kehr´n wir dann zu ihm zurück,
ist dies für uns das wahre Glück,
wenn wir die Schuld bereuen.
Wir waren tot und leben nun
und wenn wir Umkehr ehrlich tun,
wird Gott sich herzlich freuen.

5 Wir waren tot durch den Entscheid,
zu lassen Gottes Herrlichkeit,
zu selbstherrlichen Zwecken.
Zu uns spricht Er die Worte aus:
Komm, Toter aus dem Grab hinaus,
ich will vom Tod dich wecken.
Dort wo die Sünde wird erkannt,
wo sie durch Umkehr wird gebannt
da wird aus Tod das Leben.
Da wird aus menschlich armen Rest,
bei Gott ein großes Freudenfest,
wenn wir uns ihm uns ergeben.
(nach Gedanken aus dem Lukas-Evgl. und dem Römerbrief) __

36 *Christus weint*

Mel: GL 719 Alle Menschen höret (384)
1 Christus weint, muss klagen in der dunklen Nacht, schreiend unter Tränen, ruft er Gottes Macht. Tief aus seinem Herzen wird die Klage laut. Christus weint: die Seinen haben ihn verkauft

2 Christus weint, verraten wird man ihn für Geld, selbst die an ihn glauben, folgen hier der Welt, leben nach Gesetzen, die der Mensch sich macht. Christus weint: von vielen wird er still verlacht

3 Christus weint, verlassen ist er und allein,
auch die Treue schwörten, stellen sich nicht ein; viele sprechen Worte, weit weg ist ihr Herz. Christus weint und spürt es immer noch als Schmerz >

4 Christus weint: die Menschen, sie sind viel zu hart: härter oft wie Steine, schlagen aus der Art, schlagen sich durchs Leben, mit Gewalt und List. Christus weint, muss klagen, weil der Mensch so ist

5 Christus weint beim Schauen hin auf unsre Stadt, er sieht im Voraus das Schicksal, das sie hat. Hätten doch die Menschen mehr auf Gott gebaut. Christus weint: sie haben sich um´s Glück beraubt

6 Christus weint ganz zornig, an so manchem „Grab", wo ein Mensch, lebendig, sich vergraben hat, sich ausschließt vom Leben, das in Gott nur ist. Weint der Herr vergebens, weil du Mensch so bist? __

37 *Klagelieder des Jeremia über die Tochter Zion heute, die Kirche*

Mel: GL 422 Ich steh vor dir mit leeren Händen, Herr (389)

1 Jerusalem einst starke Stadt des Herrn,
verlassen liegst du da fast wie in Trümmern.
Wo ist denn Gott? fragst du, er scheint so fern, wund ist dein Herz, dein Geist will schier verkümmern. O weh, wie sitzt du jetzt so einsam da, die einst so reich und voll an Volk und Ruhm war

2 Wie eine Witwe, der viel Leid geschah, so weinst und weinst du manche Nacht viel Tränen. Zum Trösten ist nicht einer für dich da, und keiner wird dein Leid noch je erwähnen. All deine Freunde lassen dich im Stich; sie werden Feinde sein, ihr Fähnchen dreht sich

3 Die Straßen zu dir hin, sie trauern fest;
kaum einer geht auf ihnen, dich besuchen.
Versammelt hast du in dir einen Rest.
Doch viele andre längst schon dich verfluchen. Jerusalem bekehre dich zum Herrn, sieh deine Schuld an, bleib darauf nicht sitzen

4 Auch deine Priester sagen dir kein Wort,
das deine Schuld dir führt ganz klar vor Augen. Sie schauen nicht mehr ein Gesicht des Herrn, sie färben schön und lassen Unrecht taugen. Sie schmeicheln deinem Ohr mit schönem Trug, anstatt zur Umkehr dich voll Glut zu rufen

5 Gedenke, Herr was mit uns ist geschehn,
sieh unsre Schmach und zeig uns dein Erbarmen. Wir wollen neu auf deine Hände sehn, vergib die Schuld, wir sind vor dir wie Arme. Wir geben zu, dass wir dir nicht gedient, und haben jetzt verdient die Zeit der Buße

6 Volk Gottes, Kirche, bleibe Gott nicht fern,
sonst musst du bitter für dein Tun bezahlen;
bekehre dich und glaube fest dem Herrn,
dann wird dein Licht von neuem hell aufstrahlen. Was du gesät, wird deine Ernte sein, ob karg, ob reich, du wirst es selbst bestimmen >

7 Steh auf aus tödlich falscher Sicherheit,
erwache du aus deiner Totenstarre; ergib dich Gott, dem Herrn in Festigkeit, und auf sein Wort und seinen Willen harre. Sonst nimmt der Herr sein Erbe von dir fort, und wird es andern Völkern übergeben *(nach Jer 1ff.)* __

38 *Verwüstetes Heiligtum*

Mel: GL 422 Ich steh vor dir mit leeren Händen, Herr (390)

1 Verwüstet liegt o Herr dein Heiligtum,
wir sehen keines deiner Wunderzeichen;
wir sehn, was deine Gegner alles tun,
was ihre Schmähungen bei dir erreichen.
Warum o Herr verstößt du uns, dein Volk? Gedenke unser, Herr, wir sind dein Erbe.

2 Sie legten Feuer an dein Heiligtum, bis auf den Grund entweihten sie´s mit Schande; sie säten Zweifel, Gift und falschen Ruhm, das Feuer der Verwirrung hierzulande. Sie brennen nieder, wo es nur so geht. Schaust du nur zu, Herr, und lässt sie gewähren?

3 Wie lang noch, Herr darf dies dein Gegner tun? Wie lang darf dich der Widersacher schmähen? Wie lang noch ist er gegen dich immun, und darf vor deiner Macht sich sicher sehen? Erhebe dich, o Gott, zeig deine Macht, erhebe dich und lass uns wieder taugen.

4 Denk dran, wir selber haben dich verhöhnt, ein töricht Volk hat dich, o Gott, gelästert; hat sich an Treuebruch schon längst gewöhnt, und hat sich trotz Ermahnung nicht verbessert. Schau trotzdem hin auf deinen Bund mit uns, bleib du uns treu, auch wenn wir untreu werden. *(Nach Psalm 73)* __

39 *Wir sind wie Blindgeborene*

Mel: GL 536 Gegrüßet seist du Königin (414)

1 Wir kommen als Verlorene.
Du wirst uns finden.
Wir sind wie Blindgeborene.
Du wirst entbinden.
Du stellst uns in dein Licht,
hin vor dein Angesicht:
wir sind Auserkorene.
Du kannst geben
Licht uns zum Leben.

2 Wir von der Welt Besessenen.
Du wirst befreien.
Wir als die Gott Vergessenden.
Du wirst verzeihen.
Du rufst uns an den Tisch,
wir schmecken dein Gericht,
sind vom Leib die Essenden.
Du kannst geben,
Brot uns zum Leben.

3 Als Fremde kommen wir daher.
Du nennst uns Freunde.
Mit Grenzen tuen wir uns schwer.
Du öffnest Zäune.
Du rufst zu dir hinein,
um in dir da zu sein;
du hast viele Räume.
Du kannst geben
Freundschaft zum Leben. >

4 Nur Bettler in der Welt wir sind.
Du wirst uns geben.
Sind Schwankende in Sturm und Wind.
Du lässt aufstehen.
Du rufst uns in dein Reich;
das macht uns ewig reich,
darauf wir sicher stehen.
Du kannst geben
uns wahres Leben

5 Wir waren einst Verlorene
und sind gefunden.
Wir sind wie Neugeborene
vom Tod entbunden.
Du hast uns freigemacht.
In uns der Sieger lacht
Trauer ist geschwunden.
Du kannst geben
ewiges Leben. __

40 *Welcher Geist kommt auf uns*

Mel: GL 142 Zu dir o Gott erheben wir - oder GL 347 Der Geist des Herrn erfüllt das All (430)

1 Was für ein Geist schwebt über uns
will auf uns niederkommen?
Was liegt bei uns denn in der Luft
Was für ein Geist wird kommen?
Ist es der Ungeist dieser Welt
Ist es der Geist, der Gott gefällt?
Wen heißen wir willkommen?

2 Was für ein Geist schwebt über uns,
der Geist von welchen Herren?
Wer liegt ganz vorn in unsrer Gunst
was ist´s , das wir verehren
Was heimlich für dich oben ist
des Geistes Kind du letztlich bist
zu ihm wirst du hinkehren

3 Was für ein Geist schwebt über dir?
Ist es der Geist des Herren?
Wo der herabkommt jetzt und hier
wird er den Weltgeist stören.
Denn Gott, der dich vom Ungeist trennt
und Geist zum Unterscheiden schenkt
wird dich die Wahrheit lehren

4 Schwebt Gottes Geist nur über dir
und kann er bei dir landen
und öffnest du für ihn die Tür
dann wirst du ihn empfangen.
Der Geist von Gottes Leidenschaft
kommt über dich mit seiner Kraft
Du hast ihn dann verstanden

5 Der Gottesgeist liegt in der Luft
doch auch der Geist des Bösen
von diesem Geist, der uns versucht,
musst du dich mutig lösen
Lass über dir doch Gott nur sein
gib seinem Geist dort Raum allein
nur das wird dich erlösen. __

41 *Bewirkt mit Ehrfurcht euer Heil*

Mel: GL 427 Herr deine Güt ist unbegrenzt (459)

1 Verschließt vor Gott nicht das Gesicht
verhärtet eure Herzen nicht
verstopft nicht eure Ohren
Kehrt um an jedem Tag zum Herrn
seid nahe, steht ihm niemals fern
sonst bleibt ihr blind geboren.
Solange es noch „Heute“ heißt
geht Wege, die der Herr euch weist
folgt ihm als gutem Hirten.
Es kommt der Tag, es kommt die Nacht, >

wo euch genommen ist die Macht
für euer Heil zu wirken

2 Bewirkt mit Ehrfurcht euer Heil
der Weg dorthin ist manchmal steil
wer wagt, wird viel gewinnen.
Besiegt in euch den irren Geist
der „Durcheinanderbringer“ heißt,
euch hindert, Gott zu dienen.
Macht doch aus Gott kein Goldnes Kalb,
kein Zerrbild eurer Wunschgestalt:
stellt ihn nicht auf die Probe.
Solange es noch „Heute“ heißt,
erweckt in euch den rechten Geist
zu Gottes Preis und Lobe.

3 Ermahnt einander jeden Tag
solang´s noch „Heute“ heißt; und tragt
euch sorgend gegenseitig.
Nehmt auf dem Weg euch bei der Hand
und leitet euch mit Sachverstand
auf rechtem Wege zeitig.
Jetzt ist sie da die Gnadenzeit!
Macht heut, nicht morgen, euch bereit,
lasst euch durch nichts ablenken.
Ja, Gott kommt liebend euch zuvor,
doch schließt euch selber nicht das Tor
durch falsches Tun und Denken.

4 Kauft aus und nutzt die Lebenszeit
macht ständig euer Herz bereit
solange es noch Tag ist.
Das Leben ist kein reines Spiel
es hat am Ende auch ein Ziel
wohin du auf dem Weg bist.
Der Weg kann nie das Ziel schon sein
drum stell dich auf die Zukunft ein
solang es noch heißt „Heute“:
im Licht die Werke Gottes tun
und weitergehn in Christi Schuh´n,
als Zeugnis für die Leute. __

42 *Feuer auf die Erde werfen*

Mel:: GL 474 Wenn wir das Leben teilen wie das täglich Brot (476)

1 Feuer zu werfen auf die Erde kam der Herr
und dass es brennen möge wünscht er sich so sehr
Feuer, das jedes Nein in uns verbrennt,
Feuer, das alle Spreu vom Weizen trennt

2 Feuer auf diese Erde, das wird zum Gericht,
scheidet die Nacht vom Tage, zeigt das wahre Licht
Feuer, das alle Finsternis verdrängt
Feuer, das alles Gold von Schlacke trennt

3 Feuer, das mächtig lodert, zur Entscheidung drängt
das keine Sparflamme, nur wahres Christsein kennt.
Feuer, das neu entzündet alte Glut
Feuer, das scheidet zwischen falsch und gut

4 Feuer ist jedes Wort, das Gott zu uns gesagt
und jedes Wort in unsrem Mund zum Feuer macht
Feuerzungen von oben, helles Licht
Feuer, das von dem Willen Gottes spricht

5 Feuer, das wie ein Sturmwind von dem Himmel fällt,
mit seiner Feuertaufe tauft der Herr die Welt. >

Feuer, mit dem gesalzen wir schon sind
Feuer in dem die Seele lobend singt

6 Feuer zu werfen auf die Erde kam der Herr
und dass wir Christen brennen wünscht er sich so sehr.
Feuer tief er in unsre Herzen gießt
Feuer, vor dem wie Wachs das Herz zerfließt __

43 *Nicht Frieden zu bringen*

Mel: GL 870 Wir haben Gottes Spuren festgestellt (477)

1 Christus ist nicht gekommen in die Welt
Frieden für uns zu bringen.
Wer sich als Jünger fest zu Christus zählt
wird den Frieden nie ganz finden.
Scharf wie ein Schwert ist für uns
Christi Wort ruft deutlich zur Entscheidung
drängt uns zur Klarheit jetzt und immerfort
bringt manchmal die Entzweiung

2 Spaltung kann sein und Streit im gleichen Haus um Christi Namens willen
Schwestern und Brüder werfen sich hinaus
Was kann diese Zwietracht stillen?
Wer sich zu Christus vor der Welt bekennt
wird nicht nur Beifall hören
wird spüren wie ihn das von vielen trennt
die Welt lässt sich nicht stören

3 Wenn das geschieht, erschrecket euch doch nicht, denn es muss so geschehen
In der Bedrängnis, vor der Welt Gericht
werdet ihr als Christen stehen.
Lasst euch mit Christi Beistand darauf ein
dann Zeugnis abzulegen.
was ihr dann reden sollt, wird in euch sein:
es wird euch eingegeben

4 Nachfolge Christi ist ein starker Weg,
der geht nicht nur durch Daunen
nicht nur aus leichten Strecken er besteht
nicht allein aus Glanz und Staunen.
Werdet ihr angefeindet und bedrängt
das ist dann folgerichtig.
Wer sich zu ihm als seinem Herrn bekennt
für den wird manches nichtig. __

44 *Wenn der Herr kommt*

(494)

Mel: GL 737 Hört der Engel gr.Freud /Hark the Herolds Angel sing (dann werden die beiden letzten Zeilen wiederholt) oder GL 455 Alles meinem Gott zu ehren

1 Wird das Öl in unsern Krügen
reichen einst für jenen Fall,
wenn die Lampen müssen glühen,
und der Vorrat wird nicht all?
Ihr müsst beten, wachen,warten,
und die Zeichen gut beachten,
immer für den Herrn bereit!
Immer ist die höchste Zeit

2 Werden unsre Lampen brennen
wird noch brennen uns das Herz?
Werden wir den Herrn erkennen,
wenn er zeigt sich himmelwärts.
Ihr müsst sein wie kluge Jungfraun
die in Liebe nach Ihm ausschaun
nicht gebunden, frank und frei.
stehen für den Herrn bereit >

3 Werden stehn wir an den Türen
in Erwartung auf den Herrn,
nach ihm suchen, nach ihm spüren,
wenn am Himmel steht sein Stern.
Ihr müsst sein wie gute Knechte,
die in allem tun das Rechte:
Nutzen jeden Augenblick.
Keiner kehrt jemals zurück.

4 Werden wir sein gute Wächter
und die Lage voll im Blick?
Werden ausschaun von den
Dächern,
ob der Herr bald kommt zurück?
Ihr müsst lieben, glauben, hoffen,
haltet eure Augen offen.
Fragt euch nicht: Wann kommt er
an? Lebt so, dass er kommen kann.

5 Tragen Schuhe wir zum Gehen
ist gegürtet unser Kleid
wollen wir zu Christus stehen,
sind zum Aufbruch wir bereit?
Ihr braucht Sehnsucht, jene
Triebkraft
die in euch weckt die Bereitschaft
Ihm entgegen stets zu gehn
seine Ankunft früh zu sehn. __
(in meiner Erinnerung: angeregt durch einen Text von W.Willms)

45 *Wovon soll die Kirche leben*

(580)

Mel: Ihr Mächtigen ich will nicht singen

1 Wovon soll unsre Kirche leben,
jetzt in dieser Zeit?
Was muss ich ihr heute geben
dass sie lebendig bleibt?
Bedrängt wird sie von vielen Seiten
aus dem Innern auch
viele wollen mit ihr streiten
das ist schon fast ein Brauch.
Ich aber will doch zu ihr stehen
sie ist die schöne Braut des Herrn
und alle Wege mit ihr gehen
ihr folgen gern...

2 So viele wollen sie befreien
von der Heiligkeit
und sie in die Welt einreihen
ganz nach dem Geist der Zeit.
Sie woll´n in ihr kein Abenteuer,
keine Glut, die brennt,
und löschen aus in ihr das Feuer,
das man prophetisch nennt.
Ich aber will im Glauben brennen
und leuchten in der Dunkelheit
nichts soll mich von der Kirche
trennen, zu keiner Zeit

3 Propheten wird sie nötig haben
Menschen voller Glut
die das Wort ganz neu ansagen
es tun mit starkem Mut.
Die nicht wie leichte Winde säuseln
nein, wie Sturmwind sind
die die Wahrheit tapfer äußern
die sehn, und sind nicht blind.
Wir brauchen Worte, die fortreißen
hinweg uns aus dem alten Trott
die fest uns in den Ohren beißen
stark wie der Tod

4 Steil ist der Weg hinauf zum
Himmel
anspruchsvoll und wahr
kein Spaziergang; es war nimmer
ein Weg der einfach war
Denn dieser Weg braucht stets
Entscheidung,
und ein klares Ja
er lebt nicht von der Vermeidung,
er braucht ein: Ich bin da!
Der Weg braucht tief im Herzen
Feuer
er lebt von der Begeisterung
er kostet etwas, und ist teuer
braucht neuen Schwung

5 Es können Blinde keinen führen
der wie sie ist blind,
taube Worte niemand rühren >

denn sie vergehn im Wind. fliehn fort
Das Salz, das uns von Gott gegeben
wird im Zaudern schal.
Lasst uns mutig uns erheben
vieltausend an der Zahl.
Wir wollen Gott ganz neu verkünden
mit Anspruch und mit Saft und Kraft
uns mit den Heiligen verbünden
die das gemacht

6 Gesucht sind die, die tiefer
bohren, bis zum tiefsten Quell
die da sind mit offnen Ohren
und Augen, die ganz hell.
Gesucht sind die, die weiter sehen
schon im Morgen stehn
die für Gott noch weiter gehen
und schon die Zeichen sehn.
Herr mach die Kirche ganz prophetisch
und zünd in ihr dein Feuer an
lass uns nicht glauben theoretisch
nein, rühr uns an __

46 *Unsre Stadt heißt Babel*

Mel: GL 841 Jesus du mein Leben (590)
1 Unsre Stadt heisst Babel
meint sie wär der Nabel
von der ganzen Welt
ihre Himmelstürme
woll´n den Himmel stürmen
Gott in ihr nichts zählt.
Neue Stadt Jerusalem
komm herab, und zeig dich wieder
sing uns deine Lieder

2 Babel ist Verirrung
Sprache in Verwirrung
Zwiespalt , Nichtverstehn
Hochmut kommt zu Falle
das erfahren alle,
die nicht hör´n, nicht sehn.
Neue Stadt Jerusalem,
komm herab, wirf uns in Wehen:
dass wir uns verstehen

3 Unsre Stadt ist Babel
in ihr Kain und Abel
gibt es immer noch
streiten sich und neiden
können sich nicht leiden
Abel spürt es noch
Neue Stadt Jerusalem
komm herab, schenk uns, zu lieben
bring uns deinen Frieden

4 Babel hält gefangen
Freiheit ist vergangen
sie macht uns zum Knecht.
Fern der Heimat leben
jenseits noch von Eden
ohne Wert und Recht
Neue Stadt Jerusalem
komm herab, uns zu befreien
und uns Gott zu weihen

5 Babel: Gott soll weichen!
dafür bist du Zeichen
du Stadt ohne Gott.
Anti-Stadt zum Himmel
tödliches Gewimmel
Stadt der großen Not
Neue Stadt Jerusalem
in dir ist der Herr die Mitte.
Zeig uns dorthin Schritte

6 Babel große Hure
ohne Umkehr, Sture,
nach dir ruft dein Gott
Stadt der großen Sünden
Gott lässt dir verkünden
Leben oder Tod
Neue Stadt Jerusalem
hilf uns, dass wir Leben wählen
treu auf Christus zählen >

7 Feiern, Sport und Spiele
gibt´s in Babel viele:
Stadt im Rausch betäubt!
Feiert sich zu Tode
stirbt am eignen Brote
gestern und auch heut
Neue Stadt Jerusalem
bringe uns das Fest des Lebens
Ziel all unsres Strebens.

8 Babel, du wirst stürzen
keinem wirst du nützen,
wie ein Taugenichts.
Du bist längst mit allen
ganz tief schon gefallen
tief hinein ins Nichts.
Neue Stadt Jerusalem
komm aus Höhen zu uns nieder
und erheb uns wieder

9 Selig du Stadt Gottes
du wirst nicht des Todes
so wie Babel sein;
führst in Gottes Namen
uns in dir zusammen,
Gottes Volk zu sein.
Himmlisches Jerusalem
zu dir wollen wir gehören
Stadt, auf die wir schwören __

47 *Wir messen und gewichten*

(607)

Mel: GL 86 Aus meines Herzens Grunde

1 Wir messen und gewichten die
Erde und das Land.
Nach Maßen wir uns richten und
zählen den Bestand.
Von welchem Meßpunkt aus :
wir messen unsre Taten
ob sie denn gut geraten?
Wo suchen wir Applaus?

2 Die Welt will gern erreichen, dass
man sich nach ihr mißt.
Die Wahrheit soll dem weichen,
wie sie so denkt und ist.
Sie macht sich selbst zum Maß,
nach dem soll Gott sich richten.
Doch er mißt, wird gewichten,
er tut´s ohn´ Unterlaß.

3 Das Maß für unsern Glauben, das
kommt nicht aus der Welt,
es würde niemals taugen,
weil es das Ziel verfehlt.
Der Glaube mißt allein die Welt,
das Land, die Leute!
Er gibt das Maß uns heute, will uns
die Maßschnur sein.

4 Der Meßpunkt unsres Lebens, der
liegt nicht irgendwo.
Wir messen hier vergebens,
fehlt uns das A und O
Wir messen uns viel zu
und sind dann unvermessen
und haben ganz vergessen:
Gott mißt dein Herz im Nu.

5 Das Maß von allen Dingen,
das bin ich selber nicht,
Der Herr allein wird´s bringen.
Gerecht ist sein Gericht.
Das Maßband legt er dann
ans Herz, an mein Gewissen;
es ist kein Ruhekissen!
Es feuert mich stets an.

6 Das A und O, der Maßstab
ist Jesus Christ der Herr.
Er ist´s, der uns das Maß gibt,
die Richtschnur ist nur er.
Wir messen uns an ihm.
Nach ihm wir selbst uns richten
Dann kann er uns aufrichten,
sein Maß gibt letzten Sinn.
*(Hintergrund: der Vierungsturm des Kölner Domes war einst der Messpunkt Null für die ganze Stadt)*___

48 *Es wird Zeit für das Feuer des Glaubens*

Mel: GL 802 Würzburg: Sing sing sing, singt dem Herrn ein neues Lied (618)
Refr: Es wird Zeit, dass das Feuer wieder brennt
und der Geist Geist in uns erkennt
Es wird Zeit, dass der Funke überspringt
und Sein Wort alles Dunkle hell durchdringt

1 Brennt in dir noch Feuer, brennt dein Herz für Gott?
Kannst die Glut erneuern, tu es immerfort! Refr:

2 Hast du Glut im Glauben: sprüht sie aus dir raus?
Gott in deinen Augen: dann strahlt er hinaus! Refr:

3 Brennt´s wie tausend Kerzen, die man aufgestellt?
Brennen unsre Herzen, wird auch hell die Welt! Refr:

4 Kann dein Glaube zünden, hat sein Zeugnis Kraft?
Du kannst Gott verkünden, auch mit Leidenschaft! Refr:
für einen zweiten Durchgang:
5 Gott in deinen Blicken: ist er dort zu sehn?
Er will Frieden schicken, lass es doch geschehn! Refr:

6 Gott in deinen Worten: spricht er sich da aus?
Willst du ihm antworten, geh aus dir heraus! Refr:

7 Gott in deinem Hören: schwingt sein Wort da mit?
Es kann dich aufstören für den nächsten Schritt! Refr:

8 Gott in deinem Denken: mehr als nur gedacht?
Darf er dich auch lenken, wirst du heil gemacht! Refr: __

49 *Wenn die Propheten unter uns aufbrächen*

Mel: GL 474 Dank sei dir Vater oder GL 81Lobet den Herren alle die ihn ehren oder GL 290 Herzliebster Jesu (623)
1 Wenn die Propheten unter uns aufbrächen,
und nicht mehr schwiegen, sondern lauter sprächen:
hätten die Spötter gar nichts mehr zu lachen – müssten kehrt machen.

2 Wenn die Propheten unter uns aufstünden
müssten zuerst sie von den Lügen künden,
die unser Land wie Nebel dicht bedecken – Wahrheit zudecken

3 Wenn die Propheten, die von Gott Bestellten,
gegen die Lüge Gottes Wahrheit stellten,
würde das viele Tausende er-schrecken – endlich aufwecken

4 Wenn die Propheten wieder mutig wachen,
uns allen Feuer unterm Sessel machen,*
auf dass wir Gottes Willen neu erkennen – und für Ihn brennen

5 Ohne Propheten geht ein Volk zugrunde**
denn wer bringt ihm dann noch die wicht´ge Kunde:
dass sie falsch laufen, in die Irre gehen – zu Staub vergehen >

6 Lass die Propheten uns die Wege führen
auf denen wir die Wahrheit wieder spüren,
dass wir nicht im Gespinst der Lüge sterben – Nein: mutig werden.

7 Herr, weck Propheten bei uns auf in Menge,
dass sie uns retten aus der Macht der Zwänge.
Lass sie nicht ruhen, uns nicht ruhen lassen – uns beim Schopf fassen...

8....und uns wenn nötig vor den Kopf fest stoßen
damit im Kleinen und auch in dem Großen
uns alle Augen plötzlich weit aufgehen – und wir klar sehen.
**nach Jer 5,14 ** nach Buch der Sprichwörter 29,18* __

50 *Nachfolge ist Folgen mit Folgen*

Mel: GL 719 Alle Menschen höret (630)
1 Nachfolge ist Folgen
das auch Folgen hat
wenn wir das verfolgen
was der Herr uns sagt
sind wir folgerichtig
folgen Seinem Traum.
das zu tun ist wichtig
folgenlos bleibt´s kaum

2 Nachfolge heißt Folgen
ziehn die Folgerung,
tun, was wir tun sollten
in Begeisterung
Folgerichtig leben
Christus folgsam sein
Ihm Gefolgschaft geben
und Nachfolger sein

3 Nachfolge ist Folgen
manchmal folgenschwer
wenn sie uns verfolgen
treiben vor sich her
Wir sind nicht erfolglos
gibt´s auch Misserfolg;
Er macht uns erfolgreich.
Wir sind doch sein Volk

4 Nachfolge ist Folgen
das einst Folgen schenkt
Kommt Er auf den Wolken
Christus an uns denkt.
Die wir mitgegangen,
folgten seinem Weg,
er wird es uns danken.
folgerichtig – seht __

51 *Babel heute*

Mel: Du bist heilig du bringst Heil (642)
1 Babel heute ist die Welt in der Gottes Wort nicht zählt,
wo der Mensch sich selbst erhöht,
nicht mehr als Geschöpf versteht;
wo er sein will so wie Gott; und statt Leben wählt den Tod,
weil er sich so groß aufbläht, doch aus Erde nur besteht.
Babelleute gibt´s auch heute;
mit der Meute gehen sie den breiten Weg
Nur vom Geiste Nichtverwaiste,
Geistbereite stehen fest, keiner fällt

2 Babel ist in jeder Stadt, die die Wahrheit nicht mehr hat,
die zum Ungeist sich verirrt,
der sie falsche Wege führt,
Dieser irre Geist geht hin und verdreht der Worte Sinn:
nennt das Böse schließlich gut,
täuscht und lügt bis hin aufs Blut. >

Doch nie siegen, nein, verfliegen, unterliegen wird der Geist dieser Zeit,
und Gewinner bleibt doch immer – und fehlt nimmer – Gottes Geist in dem Streit

3 Babel ist in unsrer Zeit uns ganz nahe, gar nicht weit.
Aufstand gegen Gottes Wort,
die Gebote wirft man fort,
man macht sich allein zum Maß
aller Dinge, sucht nur Spaß,
will ganz frei sein, nicht ein Knecht, und wird unfrei, jetzt erst recht:
und sie fallen doch mit allen die so wallen in die Grube tief hinein
Gottes Geist nur ist die Heilsspur in der Weltuhr, die uns lässt Freie sein

4 Babelstadt ist überall, wo die Ehrfurcht kommt zu Fall
wo man betet an das Tier,
das im Menschen west. In mir?
Große Hure Babylon gehst Gott fremd, kommst nicht davon
du verwüstet selbst dein Land, lebst doch außer Rand und Band.
Doch von oben, hoch da droben kommt, zum Loben,
Gottes Himmelsstadt herab.
Drin zu wohnen wird sich lohnen,
Gott wird thronen, mitten in dieser Stadt

5 Heilig ist die Stadt des Herrn und Gehorsam ist ihr Kern
Anti-Babel wird genannt dieses Stück gelobte Land.
Hier tut man das Gotteswort,
jagt die wirren Geister fort
nicht sich selbst man betet an, nein nur Gott, so fest man kann.
Hier herrscht Wahrheit, Gottes Klarheit, keine Starrheit, Gottes Herz schlägt hier für dich
Vor Gott treten, ihn anbeten, Ehre geben, so der Mensch kommt zu sich __

52 *Kein andrer Stern dem wir folgen*

(643)

Mel: GL 435 Herr ich bin dein Eigentum

1 Herr es ist kein andrer Stern, dem wir folgen werden
als dem Betlehemstern gern:
Himmelslicht auf Erden.
Denn sein Licht täuscht uns nicht,
führt nicht in die Irre, wird uns nicht verwirren

2 In der Welt so mancher Stern
lockt auf falsche Wege,
und wir stehen dir dann fern;
suchen andren Segen.
Das sei fern, denn dein Stern
schenkt uns deine Nähe, wo wir ihn erspähen

3 Herr es ist kein andres Wort, das wir hören wollen
als das, was du immerfort
uns hast sagen sollen.
Es berührt uns und führt
wie ein Stern des Lebens.
Es wirkt, nicht vergebens

4 Manches Wort hier in der Welt,
will doch nur betören,
sagt uns das, was uns gefällt,
was wir gerne hören.
Doch dein Wort pflanzt sich fort,
dringt tief in die Ohren:
macht uns neu geboren.

5 Herr es ist kein andrer Weg
den wir gehen können, als dich selbst! Du bist der Weg, >

denn wir wirklich kennen.
Schritt für Schritt gehn wir mit,
gehn selbst über Wogen:
vom Stern angezogen.

6 Manch ein Weg, den man besingt,
führt uns nicht zum Ziel hin.
Mancher Stern schon morgen sinkt,
Irrlichter sind´s viele.
Es steht viel auf dem Spiel, wie wir uns entscheiden;
so wird´s vielfach bleiben.

7 Herr kein andrer Gott uns rief, ihn hier anzubeten.
Falsche Götter fallen tief:
keiner schenkt uns Leben.
Denn nur du, gibst uns Ruh, bist ein sich´rer Segen:
Stern auf allen Wegen.
(Das Lied ist entstanden aus dem Wort von Kardinal Meisner, der zu DDR-Zeiten in Deutschland-Ost in einer Predigt sagte: „Wir folgen keinem anderen Stern, als dem Stern von Betlehem" und damit sich gegen den kommunistischen Stern wandte) __

53 *Nicht sprechen in euer taubes Ohr*

(644)

Mel: Ihr Mächtigen ich will nicht singen

1 So spricht der Herr: Ich will nicht reden eurem tauben Ohr, mein Gebot habt ihr verlassen, verschlossen mir das Tor.
ihr höret, um doch nicht zu hören, wollt auch nicht verstehn ,
wenn ihr meint, die Augen sehen: ihr werdet doch nicht sehn.
R Das Himmelreich wird euch genommen, denn es gehört den Hörenden.
Ihr habt den Weltgeist angenommen, ihr Törichten.
Denn nur wer hört, kann mir gehören, wer mich versteht, auch zu mir steht
und wer mir folgt lässt sich nicht stören, geht meinen Weg

2 Verstopft sind längst schon eure Ohren, euer Geist und Sinn, euer Denken ist verworren, vom Weltgeist schon bestimmt.
Hart ist das Herz in euch geworden, so wie Felsgestein, in euch bin ich wie gestorben, darf euch nicht Vater sein.
R Das Himmelreich ist euch genommen, denn es gehört dem Geist des Herrn.
Ihr habt den Weltgeist angenommen, der steht Gott fern.
Ihr ehrt mich oft nur mit den Lippen, doch weit weg ist das Herz von mir.
Holt mich zurück in eure Mitte, dann bleibet ihr

3 Ihr werdet nicht zur Einsicht finden und euch nicht bekehrn, euch an andre Götter binden, euch selbst wie Gott verehr´n.
Es lebt in euch der alte Makel, so wie Gott zu sein, ihr baut Türme wie in Babel, um groß wie er zu sein
R Das Himmelreich ist euch genommen, denn ihr geht selbst hinein ins Nichts,
vom Wege seid ihr abgekommen, dem Weg des Lichts.
Den breiten Weg, den wollt ihr gehen, den Weg der nicht ins Leben führt, anstatt den schmalen Weg zu wählen zur engen Tür.

4 Ihr die ihr euch für weise haltet, nach dem Plan der Welt, ewig tief bleibt euch verborgen, was im >

Reich Gottes zählt.
Denn Gottes Torheit ist viel stärker,
als was klug sich nennt,
nur wer rein ist in dem Herzen,
auch Gottes Weisheit kennt.
R Das Himmelreich ist euch
genommen, verloren ging euch,
was ihr habt. Ihr habt den Weltgeist
angenommen, in Wort und Tat.
Wer gern nach dessen Weisheit
handelt, der passe auf, dass er nicht
fällt! Wen aber Gottes Geist
verwandelt, der steht und hält.

5 Ach, wärt ihr doch nicht
unverständig, nicht so sehr
verstockt, könntet sehn ihr, wie
unbändig euch meine Liebe lockt.
Ihr seid gefangen in Gefahren, jetzt
in dieser Zeit. Davor kann ich euch
bewahren, wenn ihr nur Einsicht
zeigt!
R Das Himmelreich wird euch
gegeben im Hören auf mein
Gotteswort, denn wer mich hört,
der findet Leben, hat ausgesorgt.
In wem mein Wort wächst, das ich
säte, der wächst zum Himmel hoch
hinauf. Denn jede Umkehr, selbst
die späte, schließt Himmel auf. __

54 *Wenn der Geist*

Mel: GL 470 Wenn das Brot das wir teilen (734)

1 Als der Geist wie ein Sturm auf
die Kirche traf
sie zu wecken aus tief-tiefem
Todesschlaf
brach er mitten hinein in die falsche
Ruh,
und dem Totengebein rief er
zu:Werdet wach, stehet auf, suchet
Gott, das Glück,
//: kehrt zur Liebe, der ersten,
zurück ://

2 Wenn der Geist leise zärtlich zur
Kirche spricht
und das Totschweigen sanft durch
das Wort durchbricht
dann ist er es, der uns voll die
Wahrheit sagt
und die Lüge zu nennen er wagt.
Wenn sein Klartext für uns voll
nach Weisheit schmeckt, //:wird
die Liebe, die erste erweckt://

3 Wenn der Geist überraschend bei
uns anklopft
weil er bei uns zu landen schon
immer hofft
und wir lassen ihn ein, er wird
unser Gast:
der befreit uns von Eile und Last.
Dann bricht auf in der Kirche ein
Lebensborn,
//:und die Liebe beginnt wie von
vorn ://

4 Wenn der Geist uns versammelt
an einem Ort
und er bläst alle Zwietracht und
Zweifel fort
wenn er uns mit dem Mut der
Verzweiflung impft
und die Zauderer waghalsig sind
wenn er stets für uns ist die
Erinnerung //: wird die Liebe, die
erste, ganz jung ://

5 Wenn der Geist auf den Ungeist
der Zeiten trifft
unsren Widerstand klug und
beherzt umschifft
er das Ziel deutlich in unsre Seelen
schreibt
unsre Hoffnung mit Sehnsucht
antreibt. >

Wenn er Feuer uns macht unter unserm Dach, //: wird die Liebe, die erste, neu wach ://

6 Wenn die Kirche singt bald nur den Lobgesang
Dank zu sagen wird in uns ein heilger Drang und der Geist in uns betet und seufzt und stöhnt,
dann sind Himmel und Erde versöhnt.
Wenn das Lob kräftig klingt, das Gebet nicht karg,
//: wird die Liebe, die erste, ganz stark. :// __

55 *Zu leicht befunden*

(736)

Mel: GL 479 Eine große Stadt ersteht

1 „Menetekel“ schreibt die Hand
wie ein Urteil an die Wand.
Alle Welt wird bleich;
Wenn der Engel uns dann wiegt,
uns zu leicht befunden sieht
für das Gottesreich

2 „Menetekel“: viel zu leicht
und der Glaube schwach und seicht,
schnell verweht vom Wind,
und die Waage gibt nichts her,
da wir leicht zu erdenschwer
für den Himmel sind

3 Viele Zeichen dieser Zeit
künden uns schon lang und breit,
dass die Stunde naht,
in der Ernst wird aller Spaß.
Doch der Mensch ohn Unterlass
nicht nach Weisheit fragt

4 In der Stille vor dem Sturm
lebt der Mensch auf hohem Turm
ahnt nichts von der Frist,
die im wirren Weltgeschehn
ist für Deuter längst zu sehn
schon zu spüren ist

5 „Menetekel“: alles stürzt
was bislang das Leben würzt´,
Tand ist es, nur Hauch.
Wenn ihr diese Zeichen seht,
ist´s vielleicht schon viel zu spät?
Und vergeblich auch

6 „Kehrt zur ersten Liebe Glück
durch die Umkehr schnell zurück!“
so der Engel sagt.
Sonst rückt er mit einem Satz
euren Leuchter von dem Platz.
Tut´s ganz ungefragt

7 Sieben Strophen hat dies Lied
das um vieles tiefer sieht
als der Menschen Blick.
Dieses Lied sehr klar enttarnt
falsche Sicherheit und warnt
uns vor Missgeschick __

56 *Fährt der Ungeist in das Land*

(758)

Mel: GL 758 Alle Knospen springen auf

1 Fährt der Ungeist in das Land
drückt er alle nieder
alle Welt ist wie gebannt
stumm sind dann die Lieder
Er besetzt mit seiner Macht
unsre Zeit, mehr als gedacht
doch sobald er Christus hört
flieht er schnell und ist verstört

2 Hängt im Land der Segen schief
weil der Ungeist tobte,
denn er bringt ein starkes Tief
schockt selbst Sturmerprobte
Er zieht über´s ganze Land,
steckt es an, der Querulant
Doch bei Christi Siegeslied
dann der Ungeist schnell entflieht >

3 Fährt der böse Geist ins Haus
dringt durch jede Ritze
breiten sich darin bald aus,
böse Geistesblitze
Er verdreht die Wirklichkeit
seine Frucht ist Häßlichkeit
Doch wenn Christi Stimme klingt
ist der Ungeist überstimmt

4 Ungeist steckt in unsrer Welt
kann uns jäh ereilen.
Der als Guter sich verstellt
schreibt doch böse Zeilen;
er Gefahren in sich birgt
weil er im Geheimen wirkt.
Doch wenn Christi Wort erklingt
wir Befreite von ihm sind

5 Christus kam als Gottes Sohn
Ungeist zu verjagen,
schreit ihn an, mit hartem Ton
um ihn zu zerschlagen
Haucht uns an mit gutem Geist
der den wahren Weg uns weist
Gottes Geist uns Leben bringt
und das Land ist froh gestimmt

6 Fährt der gute Geist in uns
freuen sich die Leute
spüren durch uns Gottes Gunst
das geschieht auch heute
Denn wo Jesu Stimme klingt
sind die Menschen gut gestimmt
singen Gott ein starkes Lied:
und der böse Geist entflieht
(zu Mk 1, 21 ff. Dämonenaustreibung)

57 *Allein den Betern kann es noch gelingen*

Mel: Von guten Mächten wunderbar (Mel. von S.Fietz) (788)

1 Allein den Betern kann es noch
gelingen
mit Händen, die zum Herrn erhoben
sind
die Welt heut dem Gerichte
abzuringen
das über uns schon schwebt wie
Sturm und Wind
Ihr Beten kann alleine noch
aufhalten
was sonst wie Unwetter
herniederfährt
Ja, denen die stets treu die Hände
falten
liegt´s in der Hand, wie lang der
Friede währt

2 Die Täter werden nie den Himmel
zwingen
sie stiften Unheil, machen viel
kaputt
sie werden uns in große Nöte
bringen
sie legen viel in Asche und in
Schutt.
Sie einen nicht, sie jede Einheit
spalten
sie bringen über uns noch manche
Not
Was sie heut machen, schnell wird
es veralten
in allem was sie tun, da west der
Tod

3 Jetzt ist die Zeit, da´s Heil sich
wird verbergen
und Menschenhochmut feiert laut
sein Fest
ein jeder strebt danach, selbst Gott
zu werden,
und gottesfürchtig bleibt nur noch
ein Rest,
die sich vor Gott ins Beten ganz
verhüllen
bis Er aus ihren Opfern Segen
wirkt, >

und sich die trocknen Brunnen
wieder füllen
und Gottes Heil erneut zum
Quellgrund wird

4 Der Betende hat es in seinen
Händen
die zum Gebet er treu gefaltet hat
er kann damit von dieser Welt
abwenden
was Menschenunheil selber hat
gemacht
Was sich zusammenbraut an
dunklen Dingen
als Folge jener großen
Menschenschuld
das Beten kann den Himmel dazu
bringen
zu zeigen uns trotz allem Gottes
Huld *nach dem Gebet von Reinhold Schneider* __

58 *Im Horizont der Ewigkeit*

Mel: GL 460 Wer leben will wie Gott auf dieser Erde (789)

1 (V/A) Wir leben hier auf Erden
alle Tage,
(V) im Horizont der Ewigkeit. Wie
steht bei uns die Waage?
(A) Wie steht bei uns die Waage?

2 Wir haben hier auf Erden oft
vergessen,
dass wir nur im Vorübergehn
hier sind. Vom Tod besessen,
hier sind vom Tod besessen

3 Wir gehen hier auf Erden unsre Wege, als wären wir zuhause schon und bräuchten keinen Segen, und bräuchten keinen Segen

4 Wir bauen hier auf Erden stets so feste, und richten uns auf Bleiben ein: sind doch nur fremde Gäste, sind doch nur fremde Gäste

5 Wir sind oft in die Erde ganz versunken. Sie hält uns fest, berauscht den Sinn: sind von ihr wie betrunken, sind von ihr wie betrunken

6 O Mensch, bedenke stets die Zahl der Tage, die du hier lebst, so wie ein Wind. Weißt du von deiner Lage? Weißt du von deiner Lage?

7 So denke Mensch auch täglich an dein Ende, und halte Gott, den Herrn im Blick: er macht aus Ende Wende, er macht aus Ende Wende

8 Wir leben hier auf Erden alle Tage, im Horizont der Ewigkeit und brauchen Gottes Gnade, und brauchen Gottes Gnade. __
→42

Der Tag im Gebet

Wir glauben an die Macht des Gebetes

59 *Am Morgen*

Mel: GL 663 Bevor des Tages Licht vergeht (326)

1 Wenn dieser Tag sein Licht
empfängt
und aus der Nacht zum Hellen
drängt
dann ruf auch uns aus Finsternis,
ins Licht, das Jesus Christus ist.

2 So öffne unsre Augen weit, dass
sie nach der Geschlossenheit >

nun blinzelnd schaun ins
Tageslicht>
und hell wird unser Angesicht

3 Wir kommen aus der dunklen
Nacht
die uns mit ihrer finstren Macht
umfangen hielt so lange Zeit
Nun öffne alle Sinne weit

4 Wie Jona tief im Bauch der Nacht
erneuert ward durch Deine Kraft
so lass auch uns mit neuem Mut
Dir folgen heut. Dann wird es gut.

5 Lass Kinder uns des Lichtes sein,
zur Finsternis wir sagen Nein
vollbringen mit dem Bösen nichts,
was schwächt am Tage des Gerichts

6 Gib dass wir heute merklich viel
entgegenkommen unserm Ziel
Wir sind hier nicht auf Ewigkeit.
Geliehen ist der Tag, die Zeit

7 Mach heil uns wie den Blind-
gebor´n
dass blind wir niemals gehn verlorn
Herr öffne unsrer Augen Licht
für Deine gute, weite Sicht

8 Dies Vater, bitte, lass geschehn
lass uns des Tages Abend sehn
ob hier ob schon in Deinem Land.
Wir leben stets in Deiner Hand. __

60 *Werdet wach*

Mel: GL 221/84 Kündet allen in der Not / Morgenglanz der Ewigkeit (564)

1 Werdet wach, erhebet euch
denn die Stunde ist gekommen,
aufzustehn vom Schlaf sogleich:
Habt den Weckruf ihr vernommen?

Kv: Es wird Tag. Durch Gottes
Macht, flieht die Nacht!

2 Werdet wach, bedenkt die Zeit,
denn der Herr ist euch jetzt näher.
Haltet euch für ihn bereit! Heute!
heißt es. Nicht erst später. Kv

3 Werdet wach, der Tag ist nah,
nicht die Finsternis wird siegen.
Plötzlich heißt´s: das Licht ist da!
Seid für Christus ihr entschieden?
Kv

4 Werdet wach! Stellt euch ins
Licht,
wappnet euch mit seinen Waffen.
Kämpft den Kampf, versäumt es
nicht
Liebe in die Welt zu schaffen Kv

5 Werdet wach und freuet euch
Christus kommt mit seinem Frieden
Er macht euer Leben reich,
gibt euch Kraft, das Licht zu lieben.
Kv __

61 *Am Abend*

Mel: GL 663 Bevor des Tages Licht vergeht (327)

1 Bevor dem Tag das Licht ausgeht
ruf ich zu dir, Herr, im Gebet
ich streck mich aus nach Deiner
Macht
ich geb mich hin in diese Nacht

2 Im Schlaf, des Todes dunkles
Bild
da brauch ich Deinen Schutz als
Schild
Ob morgen ich erwachen kann?
Das weißt nur Du in Deinem Plan.>

3 So ist die Nacht für mich ein Raum
in der ich übe, wie im Traum,
was eines Tages mir geschieht
wenn ewger Schlaf mich zu dir zieht

4 Doch bitte ich für diese Nacht,
Gott, dass dein Engel mich bewacht
und ich am Morgen aufstehn mag
zu einem neuen Lebenstag.

5 So schenk in dieser Nacht mir Ruh,
füg meiner Seele Frieden zu
Gib dass mein Geist sich ganz erholt
sich alles fügt zu meinem Wohl

6 Wie Jona tief im Bauch der Nacht
hat die Erneu´rung durchgemacht
so lass mich ruhn in deiner Hand
und wirf mich morgen früh an Land

7 Wenn meine Seele Ruhe bräucht,
ist wie ein Vogel aufgescheucht
dann birg mich wie in einem Nest
halt mich in deiner Liebe fest.

8 Dies Vater, bitte, lass geschehn
lass morgen mich den Morgen sehn
Dich und den Sohn und Heilgen Geist
froh meine Seele lobt und preist.
Amen __

62 *Abendgesang*

Mel: GL 467 Erfreue dich Himmel (440)
1 Herr, an diesem Abend,
bewahrt durch die Gnade
vor Unheil und Schaden,
mit Lasten beladen:
lässt du mich Herr schlafen
und ruhen in Frieden
Du hast mir heut dieses und jenes beschieden

2 Von Liebe getragen,
mit Sünde und Versagen,
vom Bösen erschrocken
und seinem Verlocken:
lässt du mich Herr schlafen
und ruhen in Frieden
Du hast mir heut dieses und jenes beschieden

3 Bewahrt in der Treue,
ermutigt zur Reue,
durch Nähe geborgen,
begrenzt durch die Sorgen:
lässt du mich Herr schlafen
und ruhen in Frieden
Du hast mir heut dieses und jenes beschieden

4 Mit Dank für die Wege,
begleitet vom Segen,
gebeugt von dem Schweren,
mit falschem Begehren:
lässt du mich Herr schlafen
und ruhen in Frieden
Du hast mir heut dieses und jenes beschieden

5 Getragen von Stärke,
mit manch gutem Werke,
berührt durch das Leiden,
und froh durch die Freude:
lässt du mich Herr schlafen
und ruhen in Frieden
Du hast mir heut dieses und jenes beschieden

6 Verletzt durch das Reden,
mit Mut zum Vergeben,
mit Not und Verzagen,
beschenkt mit den Gaben:
lässt du mich Herr schlafen
und ruhen in Frieden>

Du hast mir heut dieses und jenes beschieden __

63 *Wache du Herr (zur Nacht)*

Mel: GL 94 Bleib bei uns Herr (626)
1 Wache du Herr mit denen die jetzt wachen
oder auch weinen werden in der Nacht
Hüt deine Kranken, Fröhliche lass lachen
segne die Sterbenden mit deiner Macht

2 Wache du Herr und lass die Müden ruhen
zeig den Betrübten die Barmherzigkeit
Tröste die leiden, stärk die Gutes tuen,
und schenk im Schlaf uns eine Segenszeit

3 Der Macht der Finsternis leg du das Handwerk
hind´re die Böses planen in der Nacht.
Den Geist des Finstern der durch unser Land fährt,
vertreibe weit von uns durch deine Macht.

4 Im Bauch der Nacht lass uns wie Jona schlafen
und neue Einsicht sammeln, neuen Sinn
wir fahren ein des Nachts in deinen Hafen
in deinem Schoß wir dann geborgen sind

5 Gib es im Schlaf, Herr, weiter so den Deinen, sprich in den Träumen immer noch zu uns
lass uns in ihnen Wege neu aufscheinen,
uns zu bekehren, Herr, ist uns ein Wunsch

6 Lass uns am Morgen neu gemacht erwachen
und dir noch besser dienen als denn heut
Lass uns das Licht, Herr, deiner Sonne lachen
die niemals untergeht in Ewigkeit
nach einem Abendgebet __

64 *Immerwährendes Lob*

(328)
Mel: GL 536 Gegrüßet seist du Königin
1 In tiefer Nacht erwacht mein Lied
ich will Dich preisen
mein Herz von Deiner Liebe glüht,
will Dank erweisen.
Von Deinem Geist erprobt
steigt tief aus mir dein Lob
leuchtet wie das Morgenrot
Heilig, heilig, Du Gott bist heilig

2 Du weckst mein Herz in tiefer Nacht
Dich anzubeten,
ich geb auf Deine Stimme acht, die schenkt mir Leben.
Es ist Dein Heilger Geist
der Tröster, Beistand heißt
der in mir Dich lobt und preist
Heilig, heilig, Du Gott bist heilig

3 Du rufst mich mitten in dem Tag:
Ich kann Dich loben.
Ich kann bei jedem Stundenschlag
aufschaun nach oben.
Der Geist, er seufzt in mir
und streckt sich aus nach Dir
öffnet meine Herzenstür
Heilig, heilig, Du Gott bist heilig >

4 Im Loben werde ich ganz wach
mit allen Sinnen
ich kann mich dankend hundertfach
auf Dich besinnen
Dein Geist mein Atem ist
der betend mich durchfließt
und in meiner Seele liest
Heilig, heilig, Du Gott bist heilig.

5 Ich weiß, Du brauchst mein
Loben nicht
doch es erfüllt mich
Es schenkt mir Freude, Kraft und
Licht
und es berührt Dich.
Weil Dein Geist in mir spricht
bin ich voll Zuversicht
dass mein Beten nie abbricht.
Heilig, heilig, Du Gott bist heilig

6 Ich will mit meinem Dankeslied
bei Dir einkehren,
und weil Dein Herz von Herzen
liebt
will ich Dich ehren.
Von Deinem Geist geführt
der tote Glut berührt
und mein Feuer neu anschürt
Heilig, heilig, Du Gott bist heilig__

65 *Die Stunde eilt dahin*

Mel: GL 763 In dieser Nacht (763)
1 Die Stunde eilt, sie nicht bei mir
verweilt
sie schreitet ungeteilt zum
Tagesende
Herr, dessen Tag, kein Ende kennt,
es naht
wie du es angesagt die Zeitenwende

2 Verlass uns nicht, o Herr, zünd an
ein Licht
wenn unser Tag erlischt, soll dein
Tag walten
Bleib du bei uns, o Herr, mit deiner
Gunst
in Traum und Schlafes Dunst magst
du uns halten

3 Die Arbeit heut, die dich, o Herr,
erfreut
die war für uns erneut auch voll
Beschwerden
Trag sie doch gleich als Gabe in
dein Reich
die Mühe macht uns reich, lässt
dankbar werden

4 Herr ohne dich geschähe all das
nicht
was vor dir uns ist Pflicht. Es wär
vergeblich!
Du Jesus Christ Vollender für das
bist
was unvollkommen ist. Wir sind ja
sterblich

5 Wie in der Nacht der nächste Tag
erwacht
an dem die Sonne lacht, soll dein
Tag kommen
da du uns nennst die Freunde, die
du kennst
du bist kein Nachtgespenst für
deine Frommen

6 Gott unser Quell von diesem
Tage stell
die letzten Worte hell in deine
Ohren
Wir sind es nicht: der Geist sie in
uns spricht
sind nach der Nacht im Licht wie
neugeboren

7 Gib uns die Ruh und guten Schlaf
dazu >

der Wachende bist du; nimmst uns die Sorgen
Lass uns im Traum uns ganz dir anvertraun
und schon den Schimmer schaun, einst von dem Morgen __
→47,148/9, 246, 295

Wir glauben die Gemeinschaft am **Die Heiligen Messe**

66 *Lied der hl.Messe*

Mel: GL 387 Gott ist gegenwärtig (470)

Versammeln - sich einfinden

1 Herr, ich bin nun da hier, bin zu dir gekommen und du hast mich angenommen.
Herr, ich stehe vor dir, mit so leeren Händen
und ich möcht, dass Zweifel schwänden
Ich bin da, du sagst Ja. Himmel und auch Erden hier versammelt werden

Beten

2 Herr, ich will mich sammeln, mit den andern beten, wie ich bin vor dich hintreten.
Beten ist oft Stammeln, wenn die Worte fehlen, muss ich sie hierfür nicht stehlen.
Denn mit mir, betet hier Kirche, und wird finden Worte, die gelingen

Hören

3 Ich will dich anhören, und in Herz und Ohren wird dein Wort jetzt neu geboren
Nichts soll dabei stören, du willst zu mir sprechen und nichts soll mein Schweigen brechen. Dein Wort spricht, ist Gericht:
es wird klar entscheiden, was ich, Herr, soll meiden

Bekennen

4 Herr ich will bekennen, deiner Kirche Glauben, sie nicht um mein Ja berauben,
will dich Herrgott nennen, und in Worten reden , die die Kirche uns gegeben.
Dazu stehn, darauf gehn, auf dem festen Boden, bin ich aufgehoben

Sich als Gabe bringen

5 Herr sieh an, die Gaben, die ich dir will bringen, nimm mich an mit diesen Dingen.
Doch m i c h willst du haben! Soll mich dir ganz geben: da spür Angst ich um mein Leben. Doch du gibst, weil du liebst, mir zurück in Fülle, machst die Angst ganz stille

Wandlung zulassen

6 Wandlung soll nun werden, du sprichst starke Worte, die sind von der klaren Sorte.
Um dein Leib zu werden, willst du mich verwandeln, lässt mit dir hier nicht verhandeln. Ich bin dein, sag nicht Nein, lass mich von dir brauchen, in dein Ich eintauchen

Kommunizieren

7 Herr, in meine Hände, legst du Brot zum Leben, hast dich selber mir gegeben, willst dich mir zuwenden, ich kann nur noch staunen, laut mein Glück hinausposaunen:
„Klein das Brot, groß wie Gott ist doch dies Geheimnis in dem du daheim bist!“

Segen empfangen

8 Herr ich spür den Segen, den das Kreuz mir auflegt und der meine Wege mitgeht.
Auf dem Kreuz gelegen hast du >

meinetwegen, so kann heute ich mich regen.
Auferstehn, Segen sehn. Und das Kreuz mittragen, neues Leben wagen.

Gesendet werden

9 Gehet hin in Frieden! Ich, mit neuem Leben will zum Dienst mich nun erheben,.
Um jetzt recht zu lieben, bin ich ausgesendet, damit diese Welt sich wendet.
Geht hinaus, aus euch raus: Segen auf zwei Beinen, Christus muss erscheinen __

67 *Reinigung Erleuchtung Vereinigung*

Mel: GL 467 Erfreue dich Himmel (523)

Schuldbekenntnis - Reinigung

1 Herr mache mich *rein,* bis ganz tief in mein Wesen,
wasch ab meine Schuld und befrei mich vom Bösen.
Du reinigst als Winzer am Weinstock die Reben:
sie können gereinigt noch viel mehr Frucht geben.

2 Schenk *Reinheit* dem Herzen und all meinen Sinnen,
lass lauter mich sein, deine Klarheit gewinnen.
Tauch ein mich, und wasch mich im Wasser der Taufe,
und lass reines Wasser stets über mich laufen

Wortgottesdienst - Erleuchtung

3 *Erleuchte* o Herr du, mein finsteres Denken.
Du kannst helle Augen und Sinne mir schenken.
Durchleuchte mich auch durch dein Wort, das ich höre: es soll mich im Dunkel der Sünde aufstören.

4 Herr *leuchte* du in meine nachtdunklen Augen,
erleuchte mich Blinden, lass mich vor dir taugen.
Befreie mich, Herr, aus den finsteren Werken:
die Werke des Lichtes hilf in mir bestärken

Kommunion - Vereinigung

5 Mach *eins* mich, o Herr, mit dem Licht aus der Höhe, erleuchtet lass mich in dein Wesen eingehen,
um in dir zu wohnen, dir niemals zu fehlen:
du in mir, ich in dir, ein Herz, eine Seele

6 Herr, lass mich in dir sein, dich ganz tief erkennen,
dich glücklich mein Ein und mein Alles so nennen.
Seid eins in mir, sagst du, darum sollt ihr ringen
nur so könnt ihr Werke des Himmels vollbringen

7 Du hast uns zur Heiligkeit lang schon berufen,
und führst uns hinauf über heilige Stufen,
erhebst unsre Herzen, den Blick uns nach oben
um eins mit den Vielen dich ewig zu loben. __

68 *Eröffnung / Gabenbereitung*

GL 188 Nimm o Herr die Gaben die bringen (353)

1 Gott wir wollen dir uns heute bringen, nimm uns selber an und>

unser Sein. Alles Mühen, Scheitern und Gelingen wollen wir vertrauend dir unserm Vater weihn

2 Jesus hat sich für uns hingegeben, hat dadurch verwandelt unsre Welt Gott verwandle jetzt auch unser Leben, gib uns einen Glauben, der deinem Herz gefällt.

3 Nimm uns jetzt hinein in Jesu Stunde, und verwandle uns wie Brot und Wein, nimm das Jawort an aus unsrem Munde, schließ uns in die Hingabe deines Sohnes ein

4 Christus ist am Kreuz für uns gestorben, wie´s die Trauben in der Kelter tun. Er ist selbst zum Hochzeitswein geworden, und verschenkt sich selbst bei den Menschen ringsherum

5 Blut und Wasser aus der Wunde strömen, auch durch Wunden kommt zu uns das Heil. Christus will uns neu mit Gott versöhnen; gibt an der Erlösung uns durch die Kirche teil

6 Herr verwandle heute unsre Herzen, Wandlung will geschehn an unserm Sein.
Lad uns doch mit Freude und mit Schmerzen immer wieder neu in dein großes Wunder ein. —

69 *Kommt her die ihr zu Christus steht*

Mel: GL 839 Kommt her ihr Kreaturen all (641)

1 Kommt her, die ihr zu Christus steht
und seid in ihm ein Leib, in einem Atem beim Gebet, die Sinne wach, bereit
Er hat für uns ein starkes Wort ,
das spricht all unsre Sünden fort.
Kommt her, glaubt, betet an
damit er wirken kann

2 Du, Herr, lädst ein, wir sind zu Gast
bei dir bei Brot und Wein,
die du im Kreuz verwandelt hast
dein Leib und Blut zu sein.
Du gibst dein Leben für die Welt.
Du bist das Wort, das wirklich zählt,
sprich, Herr, das tut uns gut:
wir sind dein Fleisch und Blut

3 Wir bringen uns, so wie wir sind
als Gabe selber ein.
Des Heilgen Geistes Hauch und Wind soll unsre Wandlung sein.
Herr, nimm uns an in Wein und Brot,
schenk Leben uns in allem Tod.
Lass dich heut bei uns sehn
und uns fest zu dir stehn

4 Mit einer Stimme singen wir
und sind ein Leib, ein Geist.
Mit einem Atem preisen wir
dich, der uns unterweist.
Zu wem, Herr, sollen wir sonst gehn,
als zu dir hin, dich anzusehn.
Zeig uns dein Angesicht,
dann wird aus Dunkel Licht.__

70 *Der Geist führt uns zusammen*

Mel: GL 823 Wo Menschen sich vergessen (557)

1 Wir sind hierhin gekommen
vom Geist mitgenommen
uns zu begegnen im Wort. >

Da erfahren wir Himmel auf Erden
wo Worte werden neu gesagt,
Da ist immer der Geist unsre Pforte,
durch den die Worte neu gewagt.

2 Der Geist führt uns zusammen
woher wir auch kamen,
lässt uns einander verstehn.
Hier verwandelt der Himmel die Worte;
an diesem Orte, macht er frei
unser Sprechen und Denken und Hören.
Nichts soll uns stören. Bleibt dabei!

3 Der Geist führt unser Sinnen
weckt ganz in uns drinnen
den Geist, der lässt uns tief sehn.
Hier verwandelt der Himmel die Augen
und lässt sie schauen wie ein Kind;
lässt einander uns tiefer erkennen,
beim Namen nennen, wer wir sind.

4 Der Geist weckt unsre Herzen
entflammt uns wie Kerzen,
zur Liebe, die immer bleibt.
Hier verbünden sich Erde und Himmel
dass wir den Schimmer sehn vom Licht;
hier kann endlich die Liebe regieren
auf das wir spüren neue Sicht

5 Der Geist sagt unserm Geiste
den er unterweiste
wes´Geistes Kinder wir sind.
Und so gibt uns der Himmel die Worte
die von der Sorte sind wie Gott,
und so können sich Herzen begegnen
einander segnen, so wie Brot. __

71 *Das Lob soll erwachen*

Mel: GL 465 Das Jahr steht auf der Höhe oder 395 Den Herren will ich loben (471)

1 Dein Lob schläft tief im Herzen,
weck du es auf, o Gott,
entzünd es, so wie Kerzen,
mach´s hell wie Morgenrot.
Entzündet es wie ein feuer
blas kräftig in die Glut.
Komm Geist der Abenteuer
erweck mein träges Blut

2 Dein Lob Herr muss erwachen
weil sonst die Steine schrein
du musst lebendig machen
mein kaltes Herz aus Stein.
Dein Lob muss doch erklingen
sonst werde ich nicht gut
so weck in mir ein Singen
erweck mein träges Blut

3 Es schläft in allen Dingen
ein Lied. Auch in mir, Gott,
hilf mir, dies Lied zu singen,
für dich zu deinem Lob
Ich werde erst im Loben
ein Mensch, wie du es willst
Im Aufschaun hoch nach oben
du meine Sehnsucht stillst

4 Mein Herz soll überfließen
von guten Worten Herr
ich will mein Herz ausgießen
im Lobpreis, immer mehr
Du brauchst mein Lob nicht wirklich
doch mir tut´s wahrhaft gut.
Im Lobpreis da verbirgt sich
ganz meiner Liebe Glut

5 So will ich herzlich loben
dich Herr durch deinen Geist
den du gesandt von oben
dass er in mir dich preist
ihm kann ich mich anschließen >

er führt mich hin zum Lob
so kann dann überfließen
mein Herz zum Gotteslob. __

72 *Glaubensbekenntnis*

(333)

Mel: Du bist heilig du bringst Heil

1 Gott wir glauben Du bist eins,
Du der Schöpfer allen Seins,
Gott und Vater, alle Welt,
hast geschaffen du, erwählt.
Du hast alles gut gemacht
Himmel, Erde, Tag und Nacht,
und das ganze Firmament,
sind Dein Schöpfungssakrament
Du bist heilig. Du bist heilig.
Du bist heilig.
Gott wir glauben Du bist eins.
Halleluja, halleluja, halleluja.
Du der Schöpfer des Seins

2 Gott von Gott und Licht vom Licht,
ganz aus Gott, geschaffen nicht,
Wort vom Wort, geworden Fleisch,
Du wohnst unter uns, bist gleich
mit dem Vater. Bringst uns Heil
gibst an Deinem Leben Teil.
Gingst für uns hin in den Tod
Du Sohn Gottes, wahrer Gott.
Du bist heilig. Du bist heilig.
Du bist heilig.
ganz aus Gott, geschaffen nicht
Halleluja, halleluja, halleluja.
Du bist Licht von dem Licht

3 Auferstanden nach der Schrift,
eine Tat, die uns betrifft.
überwunden ist der Tod.
Du bist das lebendge Brot.
Bist im Himmel nun als Herr,
hältst Gericht zu Gottes Ehr,
wenn Du kommst in Herrlichkeit
dann erfüllt sich unsre Zeit
Du bist heilig. Du bist heilig.
Du bist heilig.
Auferstanden nach der Schrift
Halleluja, halleluja, halleluja.
Eine Tat die uns betrifft

4 Gott, wir glauben Deinem Geist,
der als Beistand sich erweist,
der entspringt als starker Strom
aus dem Vater und dem Sohn;
der lebendig macht und spricht,
uns ist Anwalt beim Gericht,
führt uns in die Wahrheit ein
wird in Not uns Tröster sein.
Du bist heilig. Du bist heilig.
Du bist heilig.
Gott wir glauben deinem Geist.
Halleluja, halleluja, halleluja.
Der als Beistand sich erweist.

5 Heilger Geist, wir glauben Dir,
Du machst heilig. Du bist hier,
wenn Du Christi Kirche führst,
mit ihr nach der Wahrheit spürst.
Deine Kirche glauben wir,
die ist Christi Leib. Und wir
sind getauft in sie hinein,
um Lebendige zu sein.
Du bist heilig. Du bist heilig.
Du bist heilig.
Heilger Geist wir glauben dir.
Halleluja, halleluja, halleluja.
Du machst heilig, bist hier __

73 *Du bist heilig, du bringst Heil*

Mel: Du bist heilig du bringst Heil (332)
(das Lied hier ist die Weiterführung des Liedes „Du bist heilig " von Harling, das ich deswegen in der 1.Strophe zitiere)

1 Du bist heilig, Du bringst Heil,
bist die Fülle, wir ein Teil,
der Geschichte, die Du webst.
Gott, wir danken Dir. Du lebst
mitten unter uns im Geist,
der Lebendigkeit verheißt, >

kommst zu uns, in Brot und Wein,
schenkst uns Deine Liebe ein.
Du bist heilig. Du bist heilig. Du bist heilig.
Alle Welt schaue auf Dich.
Halleluja, halleluja, halleluja, halleluja für Dich.

2 Du Geheimnis, das uns trägt,
waches Herz, das für uns schlägt,
Atem der uns neu belebt.
Gott, wir beten an. Du strebst
zu uns hin im Sakrament
Gott in Deinem Element
wird verwandelt, wer Dich liebt,
der Dein Antlitz leuchten sieht.
Du bist heilig. Du bist heilig. Du bist heilig.
Alle Welt bete Dich an.
Halleluja, halleluja, halleluja, alle Welt bete an.

3 Unnennbarer großer Gott,
Dich zu nennen fehlt das Wort,
doch Du sprichst uns
an ganz frei,
Gott, Du bist bei uns. Bist Drei:
Vater, Sohn und Heilger Geist
und doch eins nur , wie es heißt,
bist die Liebe, voller Glut,
alles Dasein in Dir ruht.
Du bist heilig. Du bist heilig. Du bist heilig.
Alle Welt ist voll von Dir.
Halleluja, halleluja, halleluja, groß und heilig bist du.

4 Du bist Licht, das uns erhellt,
bist des Lichtes starker Quell,
Finsternis ist nicht in Dir,
kommst in unsre Nacht. Bleibst hier
um zu sein das Licht der Welt
das vom wahren Gott erzählt,
und uns Kunde bringt vom Licht,
Leben ohne Dich geht nicht.
Du bist heilig. Du bist heilig. Du bist heilig.
Alle Welt strahlt auf in Dir.
Halleluja, halleluja, halleluja, du bist heilig, bist Licht. __

74 *Hochgebet (I): Heilig bist du*

Mel: GL 467 Erfreue dich Himmel (522)

1 Ja, heilig bist du Gott, und all deine Werke,
verkünden dein Lob und sie preisen die Stärke.
Denn durch deinen Sohn, Jesus Christus, den Herren,
wir im Heilgen Geiste dich preisend verehren.

2 So heilige uns und auch unsere Gaben,
die aus deiner Hand wir empfangen schon haben.
Schau gütig herab auf die Gabe der Kirche,
auf Christus, das Lamm, der das Heil uns erwirkte

3 Du selbst schenkt die Gabe, die wir dir dann bringen
so kann unser Opfer durch dich, Herr, gelingen.
Du gibst deinen Sohn uns in unsere Hände,
Er ist unser Opfer, das wir dir, Herr, spenden

4 Er mache zur Gabe uns, dass wir mit allen,
dir Gott dienen können und dir wohlgefallen.,
damit wir das Erbe mit jenen erlangen,
die auserwählt sind, um zu dir zu gelangen. >

5 Durch dieses, dein Opfer zu unsrer Versöhnung,
schenk Frieden und Heil uns und himmlische Segnung
Herr stärke den Papst und den Bischof mit Segen
die Diener der Kirche, die hüten das Leben

6 Mach stark deine Kirche in Liebe und Glauben
und gib auf dem Weg durch die Zeit ihr die Augen:
dein Wirken zu sehen, die Macht deiner Gnade:
und leite im Frieden, Herr, all ihre Tage

7 Erhöre, du gütiger Vater, das Beten
mit dem wir Versammelten vor dich hintreten
und führ´, die noch fern sind, bei dir Herr zusammen,
mit allen, die Christi Verheißung bekamen

8 Erbarme in Gnade dich, Herr, unsrer Toten
Lass uns an sie denken, wie du es geboten
Mit ihnen lass uns, so wie du es verheißen,
am Tisch deines Reiches sein, wo wir dich preisen.

9 Darum wir dich bitten, durch Christus, den Herren,
den Mittler des Heiles, den wir hier verehren.
Durch ihn wird dir, Vater, die Ehre dem Namen
im Heiligen Geist und in Ewigkeit. Amen

nach einem Hochgebet __

75 *Das Hochgebet (II) – die Messe*

Mel: GL 465 Das Jahr steht auf der Höhe oder 185 Du hast o Herr dein Leben oder 187 Wir weihn der Erde Gaben (469)

1 Wir danken, guter Vater, wir dürfen vor dir stehn,
dir dienen und dich loben und deine Güte sehn.
Wir feiern das Geheimnis, das unsre Welt bewegt,
das Opfer deines Sohnes, das unser Leben prägt

2 Wir bitten, schenk uns Anteil an Christi Leib und Blut,
und mach im Heilgen Geiste uns eins, und wirklich gut
den Geist send auf uns nieder, zu wandeln unser Sein
damit sein Leib wir werden und gehn in Christus ein

3 Er mache uns zur Gabe, die Vater dir gefällt
damit wir einst erlangen, wozu du uns bestellt:
das Erbe, uns verheißen, mit allen die erwählt.
Dass wir geheiligt werden, den Heilgen zugezählt.

4 Gedenk, Herr, deiner Kirche, die auf der Erde lebt
die überall versammelt ist zum Opfer und Gebet.
Das bring´ der Welt den Frieden und deiner Kirche Schutz:
vollend dein Volk in Liebe, als Zeugen deines Blut´s

5 So preisen wir dich, Vater, ja heilig das bist du
und alle deine Werke
verkünden´s immerzu >

so sehr bist du voll Liebe, dass du den Retter schickst:
dein Sohn ist Mensch geworden,
weil du die Menschen liebst

6 Wenn einst die ganze Schöpfung vom Bösen ist befreit
dann lass uns dich recht loben,
mach uns dazu bereit
mit allen die verwandelt im Himmel stehn im Glanz
lass sein uns deine Kinder, gib uns den Siegeskranz

7 Wir loben dich, Gott Vater, durch Christus deinen Sohn
und in dem Heilgen Geiste, den er gesandt hat schon
um an uns zu vollenden die Heiligung, die stärkt
der Geist ist uns gesendet: führt weiter Christi Werk.
nach einem Hochgebet __

76 *Eucharistiefeier*

(317)

Mel: GL 411 Erde singe dass es klinge

1 Brot des Lebens. Nicht vergebens
gab sich Christus für uns hin.
„Das ist mein Leib!" Brot der Einheit,
Erd und Himmel sind darin.
Weizenkorn im Tod zermahlen,
um uns Mahl zu sein. Mit Qualen
gibt er sich am Kreuz dahin;
gibt uns Sinn.

2 Kelch des Heiles. Wegstück steiles,
bergauf fließen Schweiß und Blut;
sind vergossen, zugeflossen:
„Das ist mein Blut!" höchstes Gut.
Wie die Trauben in der Kelter,
gab am Kreuz er uns sich selber;
spendet uns den Hochzeitswein,
schenkt sich ein.

3 Hört die Kunde: Seine Stunde,
die von Kana, ist nun da.
Und er beuget sich und neiget
uns zu Füßen nach dem Mahl:
nimmt das Wasser aus den Krügen
um der Liebe zu genügen;
wandelt uns zu neuem Wein:
wäscht uns rein.

4 Welch ein Wandel! Welch ein Handel!
Gottes Sohn im Heilgen Tausch.
Er wird sterblich und verderblich
und wir erben bei dem Tausch:
Gottes Himmel. Schon auf Erden
wir beim Mahl hier werden Erben;
nehmen gegen allen Tod
Wein und Brot.

5 Wie verwandelt wenn Gott handelt,
sind dann nicht nur Brot und Wein.
Unser Wesen wird genesen,
wenn wir gehn in Christus ein.
Das ist unsre Wesenswandlung.
Denn in dieser heilgen Handlung
werden wir, damit es bleibt:
Christi Leib.

6 Dich Gott schenke, Christ bedenke
was der Herr für dich getan!
Lass es spüren, dich berühren
und nimm deine Wandlung an.
Gottes Geist in Deiner Gnade
mach auf immer uns zur Gabe;
hauch uns deinen Atem ein:
wir sind dein. __

77 ***Anbetung***

Mel: GL 842 Wir beten an dich wahres Himmelsbrot (471)

1 Ich bete an, im Zeichen hier von Brot
Ich bet dich an, du bist mein Herr und Gott.
Adoramus, adoramus Deo.
Den die Welt nicht fassen kann,
schaut mich jetzt Brot hier an

2 Ich bete an, das ist ein Wort aus Gold,
so kostbar und auch aller Ehre voll.
Adoramus, adoramus Deo.
Schatz im Acker, höchstes Gut,
gib dem Glauben neue Glut

3 Ich bete an, das geht von Mund zu Mund,
ist wie ein Kuss, und macht die Liebe kund.
Adoramus, adoramus Deo.
Dieser Kuss sei kein Verrat,
sondern wahre Liebestat.

4 Ich bete an, ich falle auf die Knie
damit mein Leib vergisst die Ehrfurcht nie
Adoramus, adoramus Deo.
Größer kann ich niemals sein,
als vor Gott auf Knien: und klein.

5 Ich bete, Herr, dich hier im Schauen an,
damit dein Blick mich jetzt verwandeln kann.
Adoramus, adoramus Deo.
Dich anschauend bin ich da.
Mich anschauend sagst du Ja.

6 Ich bete an und geh in Christus ein und will in ihm auch leben, in ihm sein
Adoramus, adoramus Deo.
Ohne dich kann ich nichts tun.
Lass mich darum in dir ruhn.

7 Ich bete an und werde so ganz still.
Weil ich allein Herr dir nur lauschen will.
Adoramus, adoramus Deo.
Wenn ich wenig sprechen kann
fängt ganz stark mein Hören an__

→244, 245, 276

Wir glauben an dein Wieder-	**Advent – Kommen des Herrn**	in Herrlichkeit

78 ***Komm – wir sind dein Eigentum***

Mel: GL 222 Herr send herab uns deinen Sohn (9)

1 Komm zu uns Herr, wir sind dein Eigentum,
bewohne uns, mach uns zum Heiligtum.
Nimm du uns in Besitz, wir sind dein. Wir werden allzeit selig dabei sein.
Refr: Es kommt der Herr, der ewige Advent. Wer öffnet, bleibt vom Himmel nicht getrennt

2 Du stehst und wartest immer vor der Tür,
dein Klopfen ist geduldig, mit Gespür.
Du rufst mit leiser Stimme und zart und sprichst hinein in unsre Gegenwart. Refr.

3 O komm, o komm, kehr ein in unser Haus,
wirf alle fremden Götter weit hinaus.
Vertreib in uns, was dir widersteht.

>

Nur du, Herr, bleibst, das andere vergeht. Refr.

4 Wer deine Stimme hört und dich erkennt,
der öffnet und ist darin konsequent.*) So mancher in der Welt tut das nicht!
An dessen Tür entwirft sich sein Gericht. Refr.

5 Gib uns die Macht, zu werden Gottes Kind
und öffne uns, wo wir verschlossen sind.
Schließ du uns auf für dein Himmelreich.
Das macht auf Erden und im Himmel reich. Refr.

6 Die Erde kann für uns nie Heimat sein
sie ist für unsre Sehnsucht viel zu klein.
Erfüllung bringen kannst doch nur du.
Erst wenn das Herz bei Gott ruht dann ist Ruh. Refr.

7 Komm zu uns Herr, du bist das wahre Licht.
Wir leben auf in deinem Angesicht.
Wenn liebend unser Herz für dich brennt,
dann feiern wir den ewigen Advent. Refr.

**) Die tiefere Wortbedeutung von Konsequenz ist: Nachfolge __*

79 *Das ist Advent*

Mel: GL 231 O Heiland reiß die Himmel auf (10)

1 Wenn einst der Himmel tiefer hängt, die Erde selbst nach oben drängt,
und uns die Sehnsucht brennend macht: das ist Advent,
dann flieht die Nacht.

2 Wenn Erd und Himmel sich berühr´n, uns kluge Jungfrau´n weiterführ´n,
die Schwerkraft uns hält nicht mehr fest:
das ist Advent, das Hochzeitsfest.

3 Wenn Morgenstund hat Gold im Mund, das Morgenrot den Tag macht kund,
der Morgenstern die Welt besonnt:
das ist Advent, der Herr, er kommt.

4 Wenn wer hineinträumt in den Tag,
aufwacht und wachsam werden mag,
wenn Blinde immer tiefer sehn:
das ist Advent, die Welt kann gehn.

5 Wenn Türen, die verschlossen sind, sich öffnen wie ein kleines Kind,
der Mensch schließt
auf zu seinem Gott: das ist Advent,
da flieht der Tod.

6 Wenn ein Schiff kommt /
an jenem Tag, das teure Fracht geladen hat,
weil da der Himmel an uns denkt,
der Sohn ankommt: das ist Advent.

7 Wenn du in dir gefangen bist und deine Sehnsucht müde ist,
wenn Gott dir neuen Treibstoff schenkt, dann
wirst du frei: das ist Advent. >

8 Wenn deine Seele dürr und hart, auf Tau vom hohen Himmel harrt,
und Gott dir Regen ist und Trost;
das ist Advent: wenn taut der Frost.

9 Wenn in den Dornen Rosen blühn, wenn Kälte weicht und Feuer glühn,
wenn Gott wird
Mensch und kommt zu dir,
das ist Advent: schon heut
und hier.

10 Es gibt im Leben den Advent damit die Sehnsucht in uns brennt,
einst heimzukommen
in das Licht, das Gott uns
schenkt, als sein Gericht. *

11 Gott geht an keinem Mensch vorbei, er möchte landen in uns, frei
will Gast sein, hier in Freud und Not.
Das ist Advent: der Herr
ist Gott!

12 Ein Kind wird uns geschenkt wie Brot, es geht für uns selbst in den Tod.
Es tief in unsre Erde fällt, wohin es fällt wird heil die Welt.

** „Gericht" ist hier eine Anspielung auf das Johannesevangelium, dass von dieser Gerichtsfunktion des Lichtes gegenüber menschlicher Finsternis erzählt.* __

80 *Vier Schlüssel im Advent*

Mel GL 218 Macht hoch die Tür (12)

1 Vier Schlüssel schenkt uns der Advent, für Türen, die auch Christus kennt.
Vier Türen, die verschlossen stehn,
sie soll´n in dieser Zeit aufgehn.
Der Herr will durch sie kehren ein
bei mir und dir will Gast er sein.
O Mensch, schließ auf zu Gott und schick ihn niemals fort.

2 Ein Schlüssel für die Hintertür,
für Christi Kommen ein Gespür:
denn keiner weiß es, wo und wann,
am Hintereingang klopft er an,
und tritt in denen dort hervor
die sich nicht trau´n ans große Tor.
O Mensch verpass es nicht,
wenn er ankommt, dein Licht.

3 Ein Schlüssel für die Tür zu mir
nach innen, tief im Herzen hier.
Wo Christus mir schon näher ist
als ich es mir bin, du es bist.
Ein Schlüssel fürs Verbindungstor
zum Allernächsten, seinem Ohr
der uns ist wirklich fremd
und den man oft nicht kennt.

4 Ein Schlüssel für das Hauptportal, dort ließ dem Herrn man keine Wahl;
hier schickte man ihn damals fort,
zum Bleiben fand er keinen Ort.
Wir lassen ihn dort jetzt herein,
um heut sein Betlehem zu sein.
O Gott, gib uns Vernunft
für deine Wiederkunft

5 Vier Schlüssel schließen auf Advent, wenn unser Herz für Dich schon brennt.
Du stehst als Nächster vor der Tür,
schenk uns den wachen Blick >

dafür. Wir können Gottes Kinder sein,
wenn wir Dich lassen bei uns ein.
Wir sind Dein Eigentum
Du willst uns Gutes tun.
nach einem Text von Bischof Klaus Hemmerle __

81 *Was noch kommen kann*

Mel: GL 218 Macht hoch die Tür (155)
1 Die Sehnsucht, die im Herzen brennt, der Wunsch, der kein Erfüllen kennt,
die Lücke, die sich noch nicht schließt der leere Platz, den nichts besitzt:
sie zeigen auf, *sie deuten an, dass doch noch etwas kommen kann*, das größer ist als Glück, uns bringt das Heil zurück

2 Die Frage, die noch offen bleibt,
die Antwort, die zum Fragen treibt,
die Hoffnung, die noch unerfüllt,
das Ziel, das immer noch verhüllt.
Der Augenblick, der schnell vergeht,
das Fest, das nicht mehr weitergeht:
sie deuten ständig an,
was doch noch kommen kann

3 Der Schmerz, der auf die Freude folgt, Versagen, Schuld und Mißerfolg, die leeren Krüge ohne Wein,
die Wolken, ohne Sonnenschein,
der Baum, der keine Früchte trägt,
die Uhr, die unsre Zeit totschlägt:
sie deuten ständig an,
was doch noch kommen kann

4 Der kahle Strauch in Winterzeit,
die dunkle Nacht, das schwere Leid,
die Tränen, die von dir geweint,
der Frieden, der uns doch nicht eint,
die Zeichen dort am Firmament,
das Morgenrot im Element:
sie deuten ständig an,
was doch noch kommen kann

5 Das Wetterleuchten weit und breit,
die stillen Zeichen in der Zeit,
nach dürrer Zeit der Morgentau,
der Engelsspruch, die schwang´re Frau,
der Mann, der träumt, was kommt demnächst, ein Reis aus totem Baumstumpf wächst:
sie deuten ständig an,
was doch noch kommen kann

6 Die Frauen, die in Hoffnung sind,
die Menschen offen wie ein Kind
das Glockenläuten von dem Turm, die Stille vor dem nächsten Sturm,
die Logik, die nicht mehr aufgeht,
die Rechnung, die noch offensteht:
sie deuten ständig an,
was doch noch kommen kann

7 *Das Licht im Haus, die offne Tür,*
der Tisch gedeckt, ein Platz ist leer,
das leere Stroh im Stall der Welt,
der Schoß, der sich schon offen hält:
sie zeigen auf, sie deuten an, dass doch noch EINER kommen kann,
der größer ist als Glück, uns bringt das Heil zurück.
Zu diesem Lied hat mich ein Text von W. Willms inspiriert, wörtlich zitiere ich ihn bei den kursiven Strophenzeilen __

82 *Als tiefes Schweigen uns umfing*

Mel: GL 231 O Heiland reiß die Himmel auf (220)
1 Als tiefes Schweigen uns umfing,
und unsre Nacht zur Mitte ging,
kam Gottes Wort auf unsre Welt
die krank war und vom Tod
entstellt.

2 Als Schuld die Welt gefangen
hielt,
der Schatz der Hoffnung stets
verfiel,
kam er, der Eine, bei uns an,
wie es gewollt nach Gottes Plan

3 Als Mensch gebor´n, verkannt,
bedroht,
bestand er unsre Menschennot,
war doch gesalbt mit Gottes Geist
Der „Gott mit uns“ er für uns heißt

3 Als Gott von Gott ist er gesandt,
er kam von Gottes rechter Hand,
um Licht vom Licht für uns zu sein;
so nahm er auf sich Schuld und
Pein

4 Er ist das Wort von Anbeginn,
das uns erleuchtet und schenkt
Sinn;
er sprach sich aus, er gab sich ganz,
erfüllt die Welt mit neuem Glanz

5 Er trat in unsre Nacht hinein,
und jede Nacht muss Zeugin sein,
dafür dass er uns aufgeweckt
und harte Herzen hat bewegt

6 Auch du musst schweigend stille
stehn,
durch deine Nächte mutig gehen,
sein Wort erreicht sodann dein
Ohr
wenn du ihm öffnest Tür und Tor.

7 Lob sei dem Vater und dem Geist
dem Sohn, der uns sein Heil erweist
Lob sei dem Schweigen jener Nacht
die den Erlöser uns gebracht.
(Text unbekannter Herkunft in Melodie gesetzt) __

83 *Das neue Leben auf dem Weg zu uns*

*Mel: GL 422 Ich steh vor dir mit leeren Händen Herr (222). Die Melodie der letzten 21 Noten wird jeweils wiederholt**
zu Lukas 1, 39-56
1 Maria macht sich eilend auf den
Weg,
sie trägt das Heil der Welt an ihrem
Herzen,
sie teilt das Leben mit Elisabeth:
es kommt zur Welt mit Freude,
auch in Schmerzen
Es kommt Maria auch in unsre Zeit
und bringt das neue Leben zu dem
alten.
*Oh du Volk Gottes mache dich
bereit,
um neu zu werden durch des
Geistes Walten.
8
2 Die Welt ist alt, die Menschen
gehn dahin, und sind dem Irdischen
fast ganz ergeben;
sie sind im Zweifel, vielfach ohne
Sinn, der Gnade wollen sie sich
nicht hingeben.
Doch wo das neue Leben sie ereilt,
gewinnt der Mensch und findet
seine Tugend*Wo Christus anklopft
und bei uns verweilt, erneuert er in
unserm Geist die Jugend

3 Es regt sich neues Leben da im
Schoß, wo Christus auf uns trifft
mit seiner Gnade.
Es jauchzt die Seele auf,
in Freude groß, hüpft auf wie David
vor der Bundeslade.>

Er öffnet uns das Herz und den Verstand, lässt seinen Geist in unserm Geist groß werden.
*Das neue Leben nimmt uns bei der Hand, und zeigt uns Himmelsspuren schon auf Erden.

4 Das neue Leben kommt, durchdringt die Welt, beständig ist es auf dem Weg zum alten. Wohin sein Licht und seine Gnade fällt, kann sich das alte Leben nicht mehr halten.
Der Geist: er überschattet unsren Lauf
wir gehn den Weg in Freude und in Schmerzen. *Wir spüren Segen und in uns bricht auf
der Lobpreis in der Seele und im Herzen

5 Es kommt der Herr zu uns in unsre Zeit, in seiner Kirche, ihrem Tun und Walten.
Volk Gottes halte dich dafür bereit, der Kirche Gnadengaben zu erhalten.
Wie einst Maria zu Elisabeth, geht sie zu uns, das Heil uns mitzuteilen; *weist uns den neuen, guten Weg und will uns heut durch Christi Worte heilen.

6 Das neue Leben immer ist bereit ein Menschenherz mit Gnade zu ergreifen. Es kommt verborgen in der Kirche Kleid; es ist Geheimnis, kaum je zu begreifen.
Es regt das Leben sich bei uns im Schoß, und kommt zur Welt durch uns, Geschenk der Gnade.*Da jauchzt die Seele auf, das Herz wird groß, hüpft auf wie David vor der Bundeslade.

Zu diesem Lied hat mich ein Text von W.Willms inspiriert,; Zitatanteile kann ich nicht benennen __

84 *Jemand muss dich erwarten, Herr, wenn du kommst Gebet des Klosters am Rand der Stadt*

Mel: GL 719 Alle Menschen höret oder GL 291 Holz auf Jesu Schulter oder GL 535 Segne du Maria (dann wird die letzte Zeile wiederholt) (270)*

1 Jemand muss zu Haus sein, wenn du ankommst Herr,
bei uns einzukehren,deine Wiederkehr.
Jemand muss dich sehen, gut wenn einer wacht: *denn du kommst zu uns wohl mitten in der Nacht

2 Oft ist ganz vergittert unser Erdenhaus; komm und reiß die Tore aus den Angeln raus. Unerkannt schon stehst du manchmal in der Tür, *doch ich bin verschlossen fest und tief in mir.

3 Jemand muss stets wachen, mitten in der Nacht, deine Ankunft melden, du kommst in der Nacht. Wie ein Dieb so kommst du, plötzlich ungefragt. *Denken wir daran noch? Du hast´s uns gesagt.

4 Jemand muss doch wachen, wachen für die Welt; leichtsinnig vergißt sie, dass dein Kommen zählt; und dass du ihr Herr bist, sicher kommen wirst.
*Wachsam für die Welt sein ist der Kirche Dienst.

5 Jemand muss dir glauben und zuhause sein, in der Mitternacht am Tor dich lassen ein, damit wenn >

du ankommst, findest auch hinein. *Jemand muss dir glauben und muss wachsam sein.

6 Jemand muss ertragen, wenn du noch nicht kommst, ohne dran zu zweifeln, dass du einmal kommst; aushalten dein Schweigen, laufen nicht davon,* bleiben und dir glauben, dir dem Gottessohn

7 Jemand muss dir singen, das ist unser Dienst; sehen wenn du an-kommst, singen dir das Lied: „Weil du unser Gott bist, große Werke tust,
*wunderbar und herrlich bist wie keiner sonst".

8 Herr du kommst durch mich auch in der Welt hier an. Durch die Tür des Herzens kommst du bei uns an. Komm Herr, lass dich sehen, klopfe an bei mir, *durch die Gitter meines Wesens komm zu mir.
Hier habe ich den bekannten Text von Silja Walter zum Singen eingerichtet __

85 *Advent – heilige Zeit*

Mel: GL 227 Komm du Heiland aller Welt (343)
1 Der Advent ist heilge Zeit,
Zeit für Gottes Zärtlichkeit,
der die Erde sanft berührt,
sie zurück nach Eden führt

2 Der Advent ist hohe Zeit.
Erd und Himmel stehn bereit,
zu verbünden sich in Gott;
und die Welt ist neu im Lot

3 Im Advent die Liebe wacht
und der Mensch tritt aus der Nacht
öffnet sich für Gottes Huld
atmet auf in Last und Schuld

4 Der Advent ist Morgenrot
leuchtet uns, wo Sorge droht
denn in seinem Morgenlicht
alles Dunkel jäh zerbricht

5 Der Advent ist Segenszeit
Tau vom Himmel macht sich breit
tränkt die Erde, heißerfleht
und der Mensch taut auf und lebt

6 Im Advent gehn Wege auf
er macht neu den Lebenslauf
Sehnsucht wird vom Ziel beglückt
und der Mensch zurecht gerückt

7 Der Advent die Liebe schenkt
die zum Lieben uns entbrennt.
Wo das Leben noch nicht ist
kommt es an durch Jesus Christ

8 Der Advent ist dazu da
dass wir kommen Gott ganz nah
dass wir finden durch ihn heim
Gott wird Ein und alles sein. __

86 *Zeit des Heils*

Mel: GL 554 Wachet auf ruft uns die Stimme (344)
1 Zeit des Heils, da Gott sich zu uns wendet,
er Tau vom Himmel zu uns sendet,
der Himmel regnet ihn herab.
Zeit des Heils, wo Gott und Mensch sich finden.
da Erd und Himmel sich verbinden,
und Hochzeit ist an jenem Tag
Advent, das ist die Zeit, da können Herzen weit offenstehen.
Das Heil ist nah, es ist schon da,
ergreift es froh durch euer Ja

2 Zeit des Heils, es kommt ein neuer Morgen,
vertreibt die Wolken voller Sorgen,
wir werfen sie in Gottes Hand. >

Zeit des Heils, da fällt herab der Segen,
es öffnen Türen sich mit Wegen,
die führen uns in weites Land.
Advent schließt auf das Tor,
kein Schloss ist mehr davor
und kein Riegel.
Das Heil ist nah, es ist schon da,
ergreift es froh durch euer Ja

3 Zeit des Heils: Gott kommt zu uns gefahren,
hat teure Fracht für uns geladen,
macht seinen Anker bei uns fest.
Er will landen tief in unsrer Liebe,
bringt Stille uns im Weltgetriebe,
stillt unsre Sehnsucht nach dem Fest.
Advent ist Gotteszeit,
weil uns die Gütigkeit will berühren.
Das Heil ist nah, es ist schon da,
ergreift es froh durch euer Ja

4 Zeit des Heils: uns Jahr für Jahr gegeben,
Advent ist unser ganzes Leben,
ist Zeit, die uns zum Herrn hintreibt.
Zeit des Heils, nicht um uns selbst zu kreisen,
nein, über uns hinauszuweisen,
auf Gott hin, und auf das, was bleibt.
Advent ist Wachsamkeit,
ist Zeit der Herrlichkeit und des Lichtes.
Das Heil ist nah, es ist schon da,
ergreift es froh durch euer Ja. __

87 *Lauschen und Schweigen*

Mel: GL 240 Hört es singt und klingt mit Schalle... (345)

1 Lausche hin mein Herz und schweige,
dich der Stille ganz zuneige
Christus kommt, sucht eine Bleibe.
Sagt: Wir sind sein Eigentum

2 Soll sein Wort in dir anklingen
darf nichts andres in dich dringen
Christus kommt, sein Wort zu bringen
füllt damit sein Eigentum

3 Bring sein Wort in dir zum Sprechen
sollst es niemals unterbrechen.
Christus gab uns das Versprechen
da zu sein: Er ist das Wort

4 Gottes Wort ist Fleisch geworden
aus der Nacht kam neuer Morgen
Christus spricht. Wir sind geborgen
Er ist da: Er ist das Wort

5 Gib dem Wort nun ein Zuhause
still und ohne Lärmgebrause
Christus schenkt dir Atempause
hat das Leben uns gebracht.

6 Gib dich Christus ganz zu eigen
schenk ihm dein Gehör im Schweigen
er, das Wort, wird in dir bleiben
und hat Leben dir gebracht __

88 *Heimat sucht der Mensch*

Mel: GL 227 Komm du Heiland aller Welt (346)
1 Heimat sucht der Mensch im All
die verloren er beim Fall
als des Paradieses Tür
sich verschloss durch die Begier

2 Heimat sucht der Mensch und Glück
sucht das Paradies zurück >

Seine Seele ohne Gott
ist nicht mehr ganz recht im Lot

3 Ist der Mensch auch auf der Flucht,
Gott nach ihm beständig sucht.
Er ruft ihn und ruft ihm zu:
Hier bin ich! Wo, Mensch, bist du?

4 Gott will kehren bei uns ein.
Heimat finden, Heimat sein.
Sehnsuchtsvoll ruft er nach uns.
Schenkt uns wieder seine Gunst.

5 Heimat finden wir im Herrn,
wenn wir nicht die Tür versperr´n
Gott will kehren bei uns ein.
Lasst sein Eigentum uns sein

6 Zeit der Sehnsucht, im Advent
die ein Ziel des Suchens kennt
Gott steht längst schon vor der Tür.
Öffne ihm, er kommt zu dir __

89 *Es steht einer vor der Tür*

Mel: GL 218 Macht hoch die Tür (347)
1 Es steht schon Einer vor der Tür,
klopft an und will hinein zu dir.
Er sucht dich auf, er sucht dich heim,
und hofft, dass du ihn lässt hinein.
Will Gast sein, hier an deinem Tisch,
bei Brot und Wein, bei Fleisch und Fisch.
Er ständig bei dir klopft
und anzukommen hofft.

2 Wer steht denn da vor meiner Tür?
Was will schon wieder er von mir?
Beansprucht sein von solchem Gast
empfindest du als Leid und Last.
Der nimmt dir Zeit, der nimmt sich Raum,
und dir bleibt Luft zum Atmen kaum.
Du denkst, wie unerhört,
Wer hier dein Leben stört!

3 Doch der da klopft und will hinein,
der nimmt dir nichts, der bringt sich ein.
Der bringt dir keine neue Last,
der schenkt dir Atem in der Hast.
Bringt Leben, Friede, Freud und Lust,
Geborgenheit und starken Schutz.
Der ist für dich Geschenk!
O Mensch, dies stets bedenk!

4 Wenn du ihm aufmachst weit dein Herz,
teilt er mit dir auch deinen Schmerz.
Er kehrt zu dir als Freund hinein,
will bleiben, Gast und Bruder sein.
Er deckt dir reichlich deinen Tisch
mit Brot und Wein. Er selbst gibt sich!
Gibst du ihm seinen Platz,
gewinnst du einen Schatz!

5 So komm herein, Herr Jesu Christ,
die Tür des Herzens offen ist.
Zieh du mit deiner Gnade ein,
mit deiner Freundlichkeit erschein.
Du bist´s, der Heil und Leben bringt,
mein Herz dir darum Lobpreis singt:
Gelobet sollst du sein.
Komm her und führ mich heim__

90 *Advent ist immer*

Mel: Hark a herolds voice is calling (350)

1 Merke auf: Advent ist immer,
immer näher kommt der Herr.
Sieh, am Horizont den Schimmer,
es wird heller, mehr und mehr

2 Sieh: Advent dein ganzes Leben,
es ist suchen ohne Ruh.
Wo wir gern schon Fülle sehen
mutet Gott uns Leere zu

3 Leere schickt er uns, statt Fülle,
nimmt uns manches mit der Zeit.
Was wir horten ist nur Hülle,
macht uns nicht für Ihn bereit

4 Unverstehbares ertragen,
Rätsel bleiben ungeklärt,
Leben in der Wüste wagen,
warten, in Geduld bewährt

5 Denn es kommt erst noch das Beste,
es steht uns erst noch bevor.
Nichts ist hier das Allerletzte:
morgen erst tritt es hervor

6 Ganz Advent ist unser Leben,
ganz geprägt auf Hoffnung hin.
Hoffnung heißt: das Ziel nicht sehen,
doch drauf schauen gibt uns Sinn

7 Merke auf, Gott ist im Kommen.
Du lebst hier nur von dem Rest.
Sei stets wachsam und besonnen
auf dich wartet einst ein Fest

8 Der Advent – ein Abenteuer
hält die Spannung in uns wach
zündet an in uns das Feuer
Gottesliebe – hundertfach. __

91 *Das neue Leben*

Mel: GL 218 Macht hoch die Tür (492)

1 Das neue Leben, kommt und seht,
macht sich zum Alten auf den Weg,
Maria ist´s, die Hoffnung bringt
die von der Größe Gottes singt
sie trägt das Neue in dem Schoß,
ein Kind, so klein, doch wirklich
groß, die ganze Erde glüht
weil Isais Reis erblüht

2 Das Neue auf das Alte trifft wie
Tau, der längst erwartet wird. Die
Wolke regnet ihn herab den Gott
uns als Erlöser gab
Maria und Elisabeth begegnen sich,
ein Kind versteht dass hier Gott da
ist ganz: es freudig hüpft und tanzt.

3 Der neue trifft den alten Bund
macht diesem neu das Leben kund.
Ein Zweig entspringt aus altem
Baum und sich erfüllt der Alten
Traum. Das Neue sich im Alten regt,
das Alte jetzt das Neue trägt:
Johannes bahnt den Weg, auf dem,
der neu ist, geht.

4 Das neue Leben macht sich breit,
kommt auch zu uns in unsrer Zeit,
der Sohn des Vaters kommt im
Schoß von seiner Kirche, er wird
groß. Maria bringt auch heut den
Sohn. Neu wird durch ihn die Erde
schon, durch seines Geistes Wehn,
das überall zu sehn.

5 Der alte Mensch in uns vergeht,
ein neuer Mensch durch Ihn ersteht.
Erneuern wir den Geist und Sinn,
den alten geben wir dahin.>

Wir bleiben nicht im alten Kleid,
ein neues liegt schon lang bereit
Es kann der neue Wein
im alten Schlauch nicht sein

6 Maria und Elisabeth
gehn uns voran auf diesem Weg,
wo wir mit Ihm in Hoffnung sind,
und unser Geist sein Loblied singt
Das Neue lebt in unserm Schoß
wir tragen Ihn zur Welt ganz bloß
Die ganze Erde glüht,
weil in uns Christus blüht. __

5 Doch schau´n auch wir noch rätselhaft,
geheimnisvoll bleibt Gottes Kraft.
Zu sehn vom Heil die Zeichen bloß,
Umrisse nur, ist unser Los. Kv

6 Einst schauen wir von Angesicht
die Herrlichkeit von Gottes Licht.
Die Sehnsucht danach hält uns wach
und macht lebendig tausendfach. Kv
(angeregt durch Text von W.Willms) __

92 *Sehnsucht ist der Schlüssel*

Mel: GL 729 O komm Immanuel oder GL 222 Herr send herab uns deinen Sohn (565)

1 Die Sehnsucht ist der Schlüssel
für /des Himmelreiches schöne Tür.
Die Sehnsucht macht das Herz bereit
für einst die große Herrlichkeit
Kv: Wenn stets in uns die Sehnsucht brennt
sie auch das Ziel beim Namen kennt

2 Den Menschen in dem Alten Bund
tat Gott schon die Verheißung kund,
die schauten sie nur in der Nacht
bevor die Gnade Licht gebracht. Kv

3 So sahen sie von Ferne nur
von der Verheißung eine Spur
Dann kam die Gnade auf die Welt
hat endlich unsern Weg erhellt. Kv

4 Wir stehen heute in dem Tag
den Christus einst gebracht uns hat
wir schau´n durch dieser Gnade Licht
in Zeichen Gottes Angesicht. Kv

93 *Du nimmst uns vieles mit der Zeit*

Mel: Herr sende den du senden willst o.der GL 231 O Heiland reiß o. 731 Singt auf lobt Gott schweigt niemals still (740)

1 Wir danken dir, Herr, des Advent,
du machst dich uns ganz transparent
und reißt uns aus dem alten Trott
du überraschend starker Gott.

2 Du nimmst uns vieles mit der Zeit
und hältst noch mehr für uns bereit
in deiner Liebe wenig zählt
was mancher für das Beste hält

3 In jedem Wechsel, jedem Bruch
uns deine neue Welt aufsucht,
der Bruch wird An-Bruch und Beginn
und gibt dem Leben tiefren Sinn

4 Wo wir vor Klagemauern stehn
nur Grenzen und das Ende sehn
da schließt du plötzlich Türen auf
und gibst dem Leben neuen Lauf

5 Wo wir wie in der Wüste sind
verdurstend, für die Quellen blind
zeigst du uns Brunnen, deren Quell
viel klarer ist als der der Welt >

6 Du schreibst klar „Anfang“ auf die Wand
auf der schon „Aus“ geschrieben stand
Du öffnest Gräber, weil der Tod
bei dir nie hat das letzte Wort.

7 Und alle, die sich nennen satt,
machst du durch ihre Sehnsucht matt;
Wer einmal von dem Salz geleckt
der ist für immer aufgeweckt.

8 Du bist der Herr, auch des Advent
viel größer ist dein Firmament
als unsre schwache Himmelssicht
Wo Dunkel ist, ist stark dein Licht.

9 Wir danken dir für den Advent
der groß in unsern Herzen brennt,
Herr lass uns darin nie in Ruh;
das Beste kommt noch: das bist du!

—

Wir glauben:

Weihnachten -

das Wort ist Fleisch geworden

94 *Wunderbarer Tausch*

Mel.: GL 247 Lobt Gott ihr Christen allzugleich (14)

1 So sehr hat Gott die Welt geliebt
dass er in seinem Sohn
sich uns und aller Welt hingibt
//:und steigt vom Himmelsthron. ://

2 Er steigt zu uns ganz tief herab,
nimmt an die Knechtsgestalt.
Geht mit uns, bis hinein ins Grab
//: und bricht des Tod´s Gewalt. ://

3 Ein wunderbarer Tausch
geschieht: Gott wird ein Mensch wie wir,
damit der Mensch zum Himmel
zieht //: entäußert er sich hier. ://

4 Er wird ein Mensch, der sterblich
ist, wir finden Ewigkeit.
O Mensch, ob du es je ermisst,
//: wie ihn die Liebe treibt.://

5 O wunderbarer Tausch, so groß
die Sinne fassen´s nicht.
Gott neigt sich zu, trägt unser Los
//: zeigt uns sein Angesicht. ://

6 Lob sei dir Vater durch den Geist
und auch in deinem Sohn
der uns den Weg zum Himmel weist
//: zu stehn an deinem Thron. ://__

95 *Nachweihnachtliche Heilige an der Krippe*

(151)

Dieses Lied geht von der Vorstellung aus, dass sich die Heiligen vom 26., 27., 28. und 29.12. der Krippe zugesellen, also Stephanus, Johannes, die Unschuldigen Kinder und Thomas Becket, die alle ihr >

Leben in unterschiedlicher Weise für das Christuskind hingegeben haben.
Mel: GL 256 Ich steh an deiner Krippe hier oder GL 258 Lobpreiset all zu dieser Zeit
1 Es stehn an deiner Krippe Herr,
nach Weihnacht nicht nur Hirten;
es kommen viele andre mehr:
die Schar der Unbeirrten.
Sie bringen keine Gaben dar,
sie legen wie auf den Altar,
sich selbst, ihr ganzes Leben.

2 Die Heiligen der Weihnacht all,
die nach dem Fest anstehen,
sie kommen hin zu deinem Stall,
um dich, Herr, anzubeten.
Sie gaben dir ihr Leben hin,
und fanden darin ihren Sinn,
dir so ganz nachzufolgen.

3 Sankt Stephan steht als erster da,
der einst mit wachen Augen
dich, Herr, zur Rechten Gottes sah.
Blutzeuge für den Glauben.
Wer heut wie er von Wahrheit
spricht steht für dich, Herr, schnell
vor Gericht, von Steinen hart
getroffen.

4 Johannes kommt am nächsten
Tag, Apostel deiner Liebe;
sein Herzblut er dir anders gab:
Er schaut dein Herz mit Tiefe.
Wer so wie er dem Meister lauscht
und sich am Wein des Worts
berauscht, sieht adlerscharf die
Wahrheit.

5 Und Kleine an der Krippe sind:
die unschuldigen Kinder;
Blutzeugen für das Christuskind,
für andere nicht minder:
die man ums Leben hat gebracht,
als Ungeborne tot gemacht,
sind für dich, Herr, gestorben.

6 Sie tragen alle dein Gesicht,
sind alle Christuskinder;
und sprechen mit bei dem Gericht
das Urteil für die Sünder.
So wie man was zur Seite schiebt
so wurden sie nicht recht geliebt,
als Opfer hohler Ziele.

7 Und dann steht Thomas Becket
da, der wurde totgeschlagen;
als Bischof hat er es gewagt
dem Staat zu widersagen.
Kein Königsthron und kein Gericht,
bezwang sein starkes Glaubenslicht
Furchtlos hat er gewonnen!

8 Wir stehn an deiner Krippe hier,
in heiliger Gesellschaft;
denn diese Heilgen stehn mit dir,
in Nachfolge-Gemeinschaft.
Dafür vergossen sie ihr Blut;
gib uns in dieser Zeit den Mut,
den Widerspruch zu wagen.
In den Str. 5+6 bin ich von einem Liedtext von Peter Gerloff inspiriert worden __

96 *Lied der heiligen Familie*

Mel: GL 847 Nun Freunde sind wir frohgemut (152)
1 O heilige Familie,
du Vorbild ohnegleichen;
du bist für uns und viele hier,
ein großes Hoffnungszeichen.
Lass uns in deine Schule gehn,
von deinem Glauben lernen;
wir wollen deine Hoffnung sehn,
du Leuchtstern unter Sternen.

2 Als Schule dort von Nazareth,
so wirst du uns verkündet.
Familie, die im Glauben steht, >

die sich mit Gott verbündet.
Die Ehrfurcht lernen wir von dir,
vor Gott und seinem Willen;
gehorsam hören konntet ihr
und Gottes Wort erfüllen.

3 Ihr lebt´ verborgen lange Zeit,
im Schweigen der Geschichte;
in Stille macht sich dort bereit,
der Sohn als Licht vom Lichte.
Wenn wir auf Christi Leben schaun,
dann werden wir begreifen,
wie er und auch sein Gottvertraun
in eurem Haus konnt´ reifen.

4 Es war das Haus in Nazareth
die Schule für das Beten:
im Gottesdienst und im Gebet
nur Gott die Ehre geben.
Wer so wie Jesus beten kann,
der ging durch eure Lehre.
Lehrt uns, wie ihr, zu beten an,
zu geben Gott die Ehre.

5 Es war das Haus in Nazareth,
die Schule für die Demut,
die höher als der Hochmut steht;
und jedem Menschen gut tut.
O Lehrstuhl du von Nazareth,
lehr uns den Wert der Arbeit,
die man als Dienst an Gott versteht
und Teil von seiner Wahrheit.

6 Lasst uns in eure Schule gehn,
Jesus, Maria, Josef,
und Menschen sein, die treu da stehn,
im Lieben grenzenlose.
Führt uns in das Geheimnis ein,
in Pflicht und Freud zu leben
lasst euer Vorbild leuchtend sein:
ihr könnt uns Hoffnung geben!__

97 *Gottes Zu-Neigung*

Mel: GL 237 Vom Himmel hoch da komm ich her, oder: GL 498 Das Heil der Welt Herr Jesu Christ oder 778 Christus fährt auf mit Freudenschall (sodann ergänzt um die Worte in Klammern) (167)

1 Gott steigt herab vom Himmel hoch,
er beugt sich unter´s Erdenjoch;
steigt ein ins Drama dieser Welt,
wo sich der Mensch als Gott gefällt
(und ganz tief fällt).

2 Gott steigt herab, wird uns zum Du,
er macht sich klein, er neigt sich zu.
Zuneigung ist es, die er schenkt,
zuneigend er die Welt bedenkt
(und liebend lenkt).

3 Gott neigt sich zu, er kommt herab,
auf Augenhöhe steigt er ab;
dies Wunder alle Welt erfreut,
weil tief der Höchste sich hier
beugt (sein Heil bezeugt).

4 Weil Gott sich zuneigt und wird klein,
kann unser Dank nur dieser sein:
in Ehrfurcht und mit großer Freud
ihn anzubeten, hier und heut
(weil´s ihn erfreut).

5 Weil er so klein wird als ein Kind,
man Gott jetzt nur im Knien find´t.
Im Kniefall neigst du dich ihm zu;
dann ist Gott wahrhaft für dich: Du
(auf immerzu!)

6 Er kehrt bei Tiefgebeugten ein,
erhebt sie hoch, will Vater sein.
Gott will so freundlich und so nah>

bei uns sein, die in Not er sah
(Er ist jetzt da!)

7 Erheb dich Mensch nicht über
Gott,
den Hochmut weist er von sich fort.
Anbetend mach dich vor ihm klein,
du wirst bei ihm der Größte sein
(und er ist dein). __

98 *Weißt du wo der Himmel ist*

Mel: GL 84 / 221 Morgenglanz der Ewigkeit / Kündet allen in der Not (168)

1 *Weißt du wo der Himmel ist, ist er außen oder innen?* Tief in dir und fern von dir, kann er schon für dich beginnen. Schau, der Himmel ist in dir, jetzt und hier

2 Weißt du wo der Himmel ist, ist er nur ganz weit da oben? Glaube nur und preise Gott, und du bist drin aufgehoben. Schau, der Himmel ist in dir, jetzt und hier.

3 Weißt du wo der Himmel ist, ist er nicht schon längst am schwinden?
Schau dem Nächsten ins Gesicht, kannst dort einen Schimmer finden! Schau, der Himmel ist dir nah, hier und da.

4 Weißt du wo der Himmel ist? *Er ist nicht so tief verborgen! Einen Sprung aus dir heraus,* zu Gott hin: du bist geborgen! Schau, der Himmel ist dir nah, hier und da.

5 Weißt du wo der Himmel ist? Niemals ganz und rein auf Erden! Schließ nur auf dein Herz für Gott, denn dann kann er für dich werden. Schau der Himmel, der noch kommt, dich belohnt.

6 Weißt du wo der Himmel ist? Lass dich von ihm überraschen! Er ist anders als du denkst, kannst ihn für dich nicht erhaschen! Schau, der Himmel, der noch kommt, dich belohnt

7 Weißt du wo der Himmel ist? Kannst ihn dir auch nicht erkaufen! Streck die leeren Hände hin, musst zu ihm hinüber laufen.
Schau, der Himmel ist Geschenk. Mensch bedenk!

8 Weißt du wo der Himmel ist, wo ist er denn nun zu finden? Dort beginnt er, wo der Mensch sich mit Gott wird fest verbinden. Schau, der Himmel ist Geschenk. Mensch bedenk!

(angeregt durch einen Text von W.Willms, Zitate kursiv)

99 *Österliches Weihnachtslied - Weihnachtliches Osterlied*

Mel. GL 767 Das Grab ist leer (360)

1 In heilger Nacht zur Welt
gebracht
ist Gott als Mensch geboren
Das kam nicht aus der
Menschenmacht
Gott selbst gab sich verloren
und fand ein Ja in einer Frau
die für ihn Pforte war
So ist erfüllt Prophetenschau
Gott kommt ganz unscheinbar
Gott kommt ganz unscheinbar
in heilger Nacht, zur Welt gebracht,
durch Gottes Macht

2 Der ganz enthüllt die Krippe füllt
hat´s Leben neu gegeben >

Im leeren Stall er Sehnsucht stillt
steht auf für uns zum Leben
Es ist so wie am dritten Tag
die Höhle tief im Stein *)
gebiert uns, so wie dann das Grab
den, der wird Sieger sein
den, der wird Sieger sein
Der ganz enthüllt die Krippe füllt
die Sehnsucht stillt.
*)Der Stall war mit großer Wahrscheinlichkeit eine Höhle in einem Felsen

3 Geboren aus der Erde Nacht
bringt er das Licht und Segen
der österliche Held erwacht
im Felsgestein zum Leben
Ob zartes Kind, ob starker Mann:
ob Krippe oder Grab
er führt das Leben neu heran
die Nacht wird nun zum Tag
die Nacht wird nun zum Tag
geboren aus der Erde Nacht
als Held erwacht

4 Wir danken dir, Herr Jesu Christ
bist aus dem Grab geboren
das unsre Welt nun einmal ist
die ohne dich verloren
Doch weder Welt, noch Fels, noch Stein
kann gegen dich bestehn
gießt unsern Gräbern Leben ein
lässt dich als Sieger sehn!
Halleluja, halleluja, halleluja!__

100 *Das wahre Licht kam in die Welt*

Mel: GL 237 Vom Himmel hoch da komm ich her oder GL 539 Gott aller Schöpfung heilger Herr oder GL 144 Nun jauchzt dem Herren alle Welt oder GL 329 Das ist der Tag den Gott gemacht (je nach Kirchenjahreszeit)(369)

1 So sehr hat Gott die Welt geliebt
dass er uns seinen Sohn hingibt
die Welt zu richten kommt er nicht;
zu retten kommt er, als das Licht.

2 Damit, wer glaubt und betet an
das ewge Leben finden kann,
Das Licht vom Licht erschienen ist
zu scheiden Licht von Finsternis

3 Dass keiner je verloren geht
wenn er im Glauben zu ihm steht
dazu das Licht kam in die Welt
das mutig sich ins Dunkel stellt

4 Gott hat den Sohn zur Welt gesandt
Licht auszubreiten, Feuersbrand
Das wahre Licht für eine Welt
die gern auf dunkle Lichter zählt.

5 Die Welt ist selbst sich das Gericht
wenn sie den Sohn will kennen nicht
weil sie die Finsternis mehr liebt
und hasst das Licht, das Klarheit gibt

6 Wer glaubt und sich zum Sohn bekennt
wird nicht gerichtet, sein Licht brennt
Er ist erleuchtet von dem Glanz
und tut die Wahrheit voll und ganz.
In Anlehnung an Joh 3, 16-17 __

101 *Unser Herz –Gottes Wiege*

Mel: GL 742 Freu dich Erd und Sternenzelt (496) *...und sie legten ihn in eine Krippe, eine Wiege*

1 Unser Herz im kalten Stall: ist die Wiege,
darin liegt im Weltenall: Gottes Liebe. >

Gott will sich drin wiegen, kommt darin zu liegen, will den Tod besiegen

2 Gott legt uns zu Herzen sich: in der Wiege
schwerwiegend und mit Gewicht: ist die Liebe. Wiege wird zur Waage die sagt klar, nicht vage: Gott liebt, alle Tage

3 Gott kehrt um das Maß der Welt, in der Wiege, wer´s versteht, zu ihm umkehrt, zu der Liebe . Letzte werden Erste, Leichte werden Schwerste, so sind Gottes Werte

4 Der die Welt in Händen hält, durch die Liebe, der kommt an am Rand der Welt, in der Wiege. Blinde sehend finden, Sehende erblinden. Reiche still ver-schwinden

5 Er, der Größte macht sich klein, in der Wiege, will bei uns im Herzen sein, mit der Liebe. Er, der uns errettet, hat sich drin gebettet, sich an uns gekettet

6 Schriftgelehrte sehen nicht, Gottes Liebe
schriftgeleert sehn sie kein Licht, in der Wiege. Denn ihr großes Wissen ist kein Ruhekissen still ruht ihr Gewissen

7 Unser Herz ist solch ein Platz, eine Wiege
darin wohnt der größte Schatz, Gottes Liebe
will zu uns absteigen, will sich uns zu-neigen, gibt sich uns zu eigen __

102 *Das Wort der Worte*

Mel: GL 237 Vom Himmel hoch
oder 342 Komm hl.Geist der Leben schafft (498)

1 Das WORT der Worte kam zur Welt
zu richten bei uns auf sein Zelt,
zu wohnen hier. Das Wort ist wahr:
Das Wort ist Fleisch geworden. Ja!

2 Das WORT, den Worten ausgesetzt
hat deren Leere schon entdeckt,
die vielen Worte, ganz verarmt
sind durch sein Licht schon bald enttarnt

3 Das WORT, es richtet unbeschwert,
die Worte scharf, so wie ein Schwert.
Das WORT, gesprochen uns ins Ohr
es weckt ein Wort in uns hervor.

4 Das WORT entbindet unser Wort
von seinen Fesseln immerfort
es machtvoll unser Schweigen bricht:
wird bleiben ohne Antwort nicht.

5 Das WORT in unsre Tiefen spricht.
Die vielen Worte sprechen nicht.
Das WORT hat Kraft, es uns umwirbt
und was es will, es auch bewirkt

6 Wo sich das WORT zum Wort gesellt
da zeugt es eine neue Welt
Im WORT, da weht des Geistes Wind,
wer´s hört, der ist des WORTES Kind >

7 Das WORT mit unserem Fleisch umhüllt
der Sinn der Welt in ihm erfüllt.
Das WORT, der Logos und der Sinn
gibt sich den Menschenworten hin

8 Das WORT ist Fleisch geworden. Ja!
Es ist nicht fern, das WORT ist nah
Es wohnt bei dir, in deinem Haus.
und spricht darin sich kräftig aus.
angeregt durch Text vom W.Willms __

103 *Wunderbarer Tausch*

Mel:Hark the Herolds Angel sing
GL 737 Hört der Engel Freud (666)

1 Heute feiern wir die Gnade,
dass sich Gott zu uns hinkehrt,
uns sein Gottsein schenkt als Gabe,
Mensch wird, so den Menschen ehrt.
Unsre Würde, die verloren,
heute wieder wird geboren.
Wunderbar, wie Gottes Kraft
heut den Menschen neu erschafft,
uns gibt Anteil heute schon
an der Gottheit in dem Sohn.

2 Heute feiern wir die Gnade:
einen wunderbaren Tausch.
Gott wird Mensch! Heilt unsre Tage.
Erde, jauchze wieder auf!
Gottes Wort, das doch unsterblich
wird ein Mensch wie wir, wird sterblich – und der Mensch, der sterblich ist,
findet Leben ohne Frist.
Gott steigt tief zu uns hinab,
wir hochsteigen aus dem Grab.

3 Heute feiern wir die Gnade
einer wunderbaren Nacht,
die erhellt noch unsre Tage
weil Gott wirkt in großer Macht.
Dies Geheimnis heut erfassen
und im Glauben niemals lassen
bis im Himmel wir im Glanz
diese Wahrheit schauen ganz.
Erd und Himmel neu vereint:
Gottes Herrlichkeit erscheint!

4 Heute feiern wir die Gnade
da wird menschliche Natur,
die seit Adam trägt den Schaden
frei von der ererbten Spur
Christus kommt, uns zu erlösen,
von der Knechtschaft in dem Bösen
er wird selbst der Erde Knecht
macht uns dadurch frei erst recht.
Heilger Tausch, der hier geschieht,
weil Gott uns unsagbar liebt
(nach:Vorlage unbekannter Herkunft) __

104 *Weihnachten – mein Herz steht offen*

Mel: GL 240 Hört es singt und klingt (744)

1 Weihnacht ist, mein Herz steht offen
Große macht ein Kind betroffen
Kleine dürfen wieder hoffen
hier und da ist Betlehem

2 Weihnacht ist, du musst nicht fragen
denn ein Kind bringt große Gaben
Kleine werden Große tragen
hier und da in Betlehem

3 Weihnacht ist, da ist die Güte
harte Herzen stehn in Blüte
Gott von Menschen wird gehütet
hier und da ruft Betlehem.

4 Weihnacht ist, die frohe Stunde
Arme hören reiche Kunde
Lobgesang in aller Munde
hier und heut ist Betlehem >

5 Weih-Nacht ist, die Nacht der Weihe
Gott wird Gnade uns verleihen
und die Erde wird gedeihen
überall strahlt Betlehem __

Wir glauben
Neujahr
dein ist die **Zeit**
und die Ewigkeit

105 *Nutzet die Zeit aus*

Mel: GL 424 Wer nur den lieben Gott läßt walten (25)

1 Noch ist nicht aller Tage Abend
noch bleibt uns immer eine Frist
noch sind wir reich, noch sind wir habend
noch ist da Zeit, die unsre ist.
Es kommt der Tag, es kommt die Nacht, die plötzlich alles anders macht.

2 Wir haben schon viel Zeit besessen
hineingelebt in manchen Tag
den Herrn der Zeit dabei vergessen
und unsern ewigen Ertrag.
Es kommt die Zeit, da ist die Zeit
schnell da für Gottes Ewigkeit.

3 Wir können unsre Zeit vergeuden
wir können unsre Zeit vertun
sie unachtsam in Hast verschleudern
wir können sorgsam in ihr ruhn.
Es kommt die Stunde, da wird klar,
wie kostbar jede Stunde war.

4 Wir haben Zeit vom Herrn bekommen
und immer gilt: Jetzt ist die Zeit.
Die Zeit der Gnade ist gekommen
der Ruf ist da: Macht euch bereit.
Es kommt die Nacht, in der niemand
für sein Heil dann noch wirken kann.

5 Es reift die Zeit, bis hin zur Ernte,
wo Gott von uns Frucht sehen will
Wohl dem, der zeitig für sich lernte,
die Frucht zu bringen, treu und still.
Es kommt der Tag, da wir ersehn
ob unsre Frucht nun kann bestehn.

6 Wir leben in der letzten Stunde,
die Zeit ist kurz, der Herr ist nah;
Vergänglichkeit ist unsre Wunde,
wir heilen sie durch unser Ja.
Jetzt ist die Zeit, das Ja zu tun
um ewig in dem Herrn zu ruhn.__

106 *Nutzt die Zeit die uns geschenkt*

Mel.: GL 149 Liebster Jesu (44)

1 Nutzt die Zeit die uns geschenkt, /
dass wir nicht vom Ziel abweichen.
Schneller als so mancher denkt, /
kann uns, Herr, dein Tag erreichen.
/ Hilf uns, Gott, gerecht zu leben,
Liebe in die Zeit zu geben.

2 Zeit ist Geld, doch Geld nicht Zeit, / Ewigkeit ist nicht zu kaufen. / Machen wir uns jetzt bereit, / hinter Christus her zu laufen. / Hilf uns, Gott, an dich zu glauben, / uns nicht selbst um dich berauben.

3 Unbedacht, in uns gekehrt, / planen wir die Lebensreise; / als ob diese ewig währt, wie ein Drehn um uns im Kreise. / Hilf, uns Gott, da auszubrechen / diesem Irrtum widersprechen. >

4 Selig, wer vom Geist geführt, /
geistesgegenwärtig bliebe; /
wachsam, und vom Licht berührt, /
reich an Glauben, stark an Liebe.
Gott, hilf uns die Zeit gut brauchen,
/ in die Ewigkeit eintauchen.

107 *Hoch-Zeit zu Kana*

(79)

Mel: GL 273 O Herr nimm unsre Schuld

1 Weil uns die Stunde schlägt
und wir die Zeit totschlagen
kamst du in unsre Zeit
um ihre Last zu tragen

2 Als deine Stunde kam
da hast du Herr gehandelt
und unsre tote Zeit
in Ewigkeit verwandelt.

3 Denn deine Stunde kam
da waren wir am Ende
aus Wasser wurde Wein
du bringst die Zeitenwende.

4 Als deine Stunde kam
hast du die Zeit genommen
sie wunderbar vermehrt.
Die Endzeit ist gekommen

5 Und deine Stunde war
als du am Kreuz gehangen
da hat die neue Zeit
als Hoch-Zeit angefangen

6 Wenn uns die Stunde schlägt
und uns ihr Schlag getroffen
dann wandle tote Zeit:
mach uns unendlich offen.

7 Denn wenn die Stunde kommt
ist Traurigkeit im Herzen,
doch nach der Neugeburt
folgt Freude allen Schmerzen.

8 O Herr, nimm unsre Zeit
und mache sie zu deiner.
Die Ewigkeit schenkst du.
sich kaufen kann sie keiner. __

108 *Neues Jahr neue Zeit*

Mel: GL 259/748 Gottes Stern leuchte uns (163)

1 Neu das Jahr, neue Zeit
die uns aufgegangen.
Die Stunde kommt, sie ist schon da,
da in der Zeit ist Gott uns nah.
Er verwandelt unser Jahr
und wir schauen endlich klar.
Wir haben Gottes Zeit empfangen
und leben in Freude.

2 Neu das Jahr, neue Zeit
die uns ist gegeben
Ein Jahr der Gnade steht als Stern
vor uns ganz nah und auch noch fern
Leere Zeilen warten drauf
dass Gott schreibt den Lebenslauf
Wir haben Gottes Zeit empfangen
und leben im Frieden.

3 Neu das Jahr, neue Zeit
die uns aufgetragen
um frei zu werden von dem Nein
um Ja zu sagen, Ja zu sein.
Zeit einander neu zu sehn
Zeit einander beizustehn.
Wir haben Gottes Zeit empfangen
und leben in Hoffnung.

4 Neu das Jahr, neue Zeit
die uns kommt entgegen
Sie ruft uns auf zu neuer Sicht
zu lieben, und zu sparen nicht.
Dank sei Gott, der reich uns schenkt
und mit seiner Gnade lenkt.
Wir haben Gottes Zeit empfangen
und leben in Liebe. __

109 *Der Mensch steht kurz in Blüte*

Mel: GL 465 Das Jahr steht auf der Höhe oder GL 395 Den Herren will ich loben. (243)

1 Der Mensch steht kurz in Blüte
und welkt schon bald dahin.
Gäb es nicht Gottes Güte,
wir fänden keinen Sinn.
Die Waage senkt sich nieder,
die Schale voll mit Last.
Sie drückt uns immer wieder:
die kurze Zeit und Hast.

2 Die Schale geht zu Boden
die voll mit Mühsal ist;
die andre strebt nach oben,
je mehr die erste mißt.
Die Waage wird ausgleichen,
sie schafft Gerechtigkeit.
Wer Last trug ohnegleichen
der erntet Herrlichkeit.

3 *Das Dunkle und das Helle,*
der Schmerz, das Glücklichsein,
nimmt alles seine Stelle
in Gottes *Führung ein.*
Herr zwischen Blühn und Reifen
und Ende und Beginn,
soll uns dein Wort ergreifen,
uns führen zu dir hin.

4 Die Waage mißt und richtet,
was uns am Ende bleibt.
Sie prüft uns und sie sichtet:
Wie waren wir *bereit*
uns selber *loszulassen*
und was vergänglich ist,
das Ziel ins Auge fassen,
das du, Herr, selber bist.

5 *Du wachst und bleibst für immer*
doch unsre Zeit nimmt ab,
bist ewger *Morgenschimmer,*
wir sinken einst ins Grab.
Gib, eh das Leben *schwindet,*
der äußre Mensch vergeht,
dass jeder zu dir findet
und durch dich aufersteht.
(inspiriert durch das Lied von D.Block im GL 465, eine Fortführung dieses Liedes, teilweise wörtliche Zitate, siehe kursive Schrift) __

110 *Das Jahr – grad begonnen*

Mel: GL 465 Das Jahr steht auf der Höhe oder GL 395 Den Herren will ich loben.(503)

1 Das Jahr ist grad begonnen
die Waage wiegt noch leicht.
Tief ist der Stand der Sonne
wenn uns ihr Licht erreicht.
Lass uns mit dir beginnen,
du schenkst uns wieder Zeit,
um Heil hier zu gewinnen.
Mach uns dazu bereit

2 Das Jahr wächst immer weiter
die Zeit sie geht ins Land.
Die große Waage füllt sich,
füllt sich wie deine Hand.
Lass wachsen unsren Willen,
mit dir den Weg zu gehn,
dein Wort stets zu erfüllen,
zu deinem Willen stehn.

3 Das Jahr eilt in der Schnelle,
wir eilen mit ihm mit;
und treten auf der Stelle:
uns fehlt der nöt´ge Schritt.
Hilf uns, die Zeit gestalten,
damit sie nicht verfliegt.
Du kannst allein uns halten:
dass keiner fällt und liegt.

4 Und steht´s dann in der Mitte,
das Jahr, auf seiner Höh´,
dann haben wir die Bitte:
Herr, weiter mit uns geh, >

Lass unsre Lieb und Treue
ganz auf der Höhe stehn.
Sei du doch unsre Mitte,
auf die wir ständig sehn.

5 Die Waage wird ermessen
die Zeit und unser Tun
wir dürfen nicht vergessen:
Gott schenkt uns Tat und Ruh´n.
Füllt Liebe diese Waage
hat sie vor Gott Gewicht.
Das Jahr an jedem Tage
geht vor sein Angesicht __

111 *Das Jahr neigt sich*

Mel: GL 465 Das Jahr steht auf der Höhe oder GL 395 Den Herren will ich loben.(502)

1 Das Jahr neigt sich aufs Ende,
die Waage zeigt es an
sie weist hin auf die Wende
die bald nimmt ihren Gang.
Wenn auch wir selbst uns neigen
zu dir, und sind dir nah
kann unsre Waage zeigen
Wie zunimmt unser Ja.

2 Die Sonne, die uns wärmte
wird schwächer, kurz der Tag
Der Weinberg steht zur Ernte,
und freut sich am Ertrag.
Kannst du Herr dich auch freuen
an uns und unsrer Frucht?
Lass reifen uns von neuem
und lass nichts unversucht

3 Das Grün der Bäume wandelt
sich um in Farbenpracht
und wie ein Maler handelt
hast du es bunt gemacht.
Lass uns auch neu erblühen
und leuchten hell und schön
lass unsre Liebe glühen
wie Feuer auf den Höh´n.

4 Es wächst auch still das Dunkel
und manche Nacht wird lang
Doch hört man das Gemunkel
vom Sonnen-Neuaufgang.
Lass, wenn die Nacht am tiefsten
wird in der Mitte stehn
uns alle dann zutiefst den ganz
neuen Morgen sehn

5 Wir sehen kahle Äste
die strecken sich empor
als suchten sie das Beste
dort oben für sich nur
Wenn unsre Blätter fallen
dann lass uns fallen nicht
lass streben uns nach allem
was uns erhebt ins Licht

6 In einer Nacht ergrünen
die Bäume plötzlich neu*
dann ist das Licht erschienen
es liegt auf Stroh und Heu.
Neigt sich das Jahr ins Dunkel
von da an geht´s bergauf
am Himmel steht ein Funkeln,
der Tag beginnt den Lauf

**Weihnacht(en)*

7 Die Waage wird ermessen
die Zeit und unser Tun
wir dürfen nicht vergessen:
Gott schenkt uns Tat und Ruh´n.
Füllt Liebe diese Waage
hat sie vor Gott Gewicht.
Das Jahr an jedem Tage
geht vor sein Angesicht __

112 *Lied des Alters*

Mel: GL 489 Lasst uns loben, freudig loben (260)

1 Wenn für uns die Jahre kommen,
da uns manches wird genommen
weil die Zeit gekommen ist; wenn
da herbstlich Blätter fallen und die>

Zeit verrinnt uns allen: dann stehn wir in Gottes Frist

2 Wenn wir spüren: da sind Wehen, die so leicht nicht von uns gehen; und da gibt es kein zurück zu der Zeit davor, zur Jugend, wo Behändigkeit war Tugend: der Verlust wächst Stück für Stück.

3 Winterlich sind bald die Wipfel – doch der Herr nimmt uns zum Gipfel der Verklärung mit. Wie sehr!
Zu dem Berg hin heb die Augen hin zum Kreuz; dort kannst du schauen: Deine Lasten trägt der Herr!

4 „Ich will tragen euch im Alter“ sagt der Herr, und so gibt Halt er bis wir grau geworden sind.
„Ich will tragen euch und retten, bis ins hohe Alter schleppen.“
Und das selbst bei Gegenwind.

5 Geht uns manches auch verloren, in den Wehen neugeboren werden wir und stehen auf. Stehen auf und sind getragen, können auch den Herbst nun wagen: er gehört zum Siegeslauf.

6 Gott sei Dank, dass selbst im Schwinden wir die Schwerkraft überwinden, außen schwach und innen stark. Weil der Glaube schenkt uns Flügel, Gott führt uns am leichten Zügel tief in seine Gegenwart__

113 *Bedenk die Zeit*

(514)

Mel: GL 273 O Herr nimm unsre Schuld

1 O Mensch bedenk die Zeit:
wo wird dein Leben stehen?
Das Ziel, ob nah, ob weit,
kannst du´s schon in dir sehen?

2 Schau deine Jahreszahl:
sie kann die Zeit ansagen.
Du stehst stets vor der Wahl:
was willst du für´s Ziel wagen

3 Schau auf die Zahl nicht nur
schau tief in deine Seele
die inn´re Lebensuhr
sagt an, was dir noch fehle

4 Wächst geistlich schon in dir,
die Kraft der innern Jugend,
die aus Gott kommt? Und dann
dich prägt als starke Tugend.

5 Wie weit bist du mit Gott,
kannst du ihm schon begegnen?
Bist du mit ihm im Lot,
sodass er dich kann segnen?

6 O Mensch bedenk die Zeit:
wo wird dein Leben stehen?
Das Ziel, ob nah, ob weit,
kannst du´s schon in dir sehen?__

114 *Dein Tag wirft seinen Schein*

Mel: GL 360 Macht weit de Pforten i.d.Welt oder 357 Wie schön leuchtet der Morgenstern (547)

1 Dein Tag Herr Christ, wirft so den Schein heut in mein Leben schon hinein,
dass all mein Licht erblindet. Der Tag der Tage holt mich heim, du rufst mich dann bei dir zu sein, wie du es angekündigt.
Wachsam. Achtsam lass mich werden,
hier auf Erden, dir gefallen;
falschen Lichtern nicht verfallen>

2 Dein erstes Kommen war verhüllt. Du kamst in unserm Menschenbild, der Herr der Ewigkeiten. Beim zweiten Kommen wird erfüllt, was schon von allem Anfang gilt: du wirst uns heim geleiten. Traut auf, baut auf sein Versprechen, nichts kann´s brechen. Ja und Amen. Bald kommst du in Gottes Namen

3 Bis dahin gilt es festzustehn, denn keiner kann dem Kampf entgehn, der täglich auf uns wartet. Wer sich dabei als treu erweist, der findet auch, was Gott verheißt; ist bei ihm hoch geachtet. Betet, leget ab die Sorgen, bald wird´s Morgen, kommt die Wende: Selig, wer beharrt ans Ende.

4 Wenn Christus in dein Leben tritt, dann nimmt er dich zum Himmel mit, schon Tag für Tag im Leben. Doch einmal wird´s für immer sein, da holt er dich zu sich hinein; und wird sich dir ganz geben.
Schau doch, trau doch auf die Worte, dass die Pforte längst steht offen. Darauf kannst du immer hoffen. __

115 *Die Zeit ist immer JETZT*

Mel: Mit Ernst o Menschenkinder (553)
1 Die Zeit, um zu beginnen,
ist immer Hier und Jetzt.
Die Zeit, Gott zu gewinnen
ist nicht zuguterletzt.
Nicht morgen: Hier und Jetzt
will Gott zu dir durchdringen,
will dir den Anfang bringen,
jetzt hier und Hier und Jetzt.

2 Die Zeit, auf Gott zu hören,
ist Heute, Jetzt und Hier.
Die Zeit, ihm zu gehören
beginnt heut ganz in dir.
Nicht morgen: Jetzt und Hier,
heut will Gott zu dir sprechen,
den Teufelskreis durchbrechen,
hier jetzt und Jetzt und Hier.

3 Die Zeit, mit Gott zu rechnen
ist Hier und Heute nah.
Die Zeit, mit Gott zu sprechen
ist heute für dich da.
Nicht morgen, heut am Tag
will Gott tief in dir drinnen
durch die Verhärtung dringen,
jetzt hier und jetzt und da.

4 Die Zeit, um umzukehren
ist Jetzt, hier im Moment.
Die Zeit drängt, Gott zu ehren,
denn immer ist Advent!
Nicht morgen erst, nein, jetzt
sollst du auf Gott vertrauen,
auf die Verheißung bauen,
jetzt, nicht zu allerletzt.

5 Die Zeit, um heil zu werden:
gebrauche sie doch jetzt
um Ewigkeit zu erben:
heut und zuguterletzt.
Was hält dein Herz besetzt?
Gott will in dir sich erden,
zur Lebensbrücke werden
für dich schon hier und jetzt.
(Anstoß zu diesem Text war ein Gebet, Herkunft unbekannt)

116 *Solange es noch heute heißt*

Mel: GL 755 Sag ja zu mir wenn alles nein sagt (614)
Kv: Ermahnt einander, jeden Tag neu, solange es noch HEUTE heißt
1 Lasst euch an Christi Statt ermahnen >

denn Heute ist der Tag des Heils.
Und Heute ist die Zeit der Gnade,
die morgen ist vielleicht vorbei.
Kv: Ermahnt einander, jeden Tag
neu, solange es noch HEUTE heißt

2 Hör zu mein Volk und lass dich
mahnen:
deine Geschichte schau dir an!
Wenn du doch auf mich hören
würdest: ich bin der Herr, allein
dein Gott. Kv

3 Sucht Gott und mit ihm sein
Erbarmen
solange er sich suchen lässt
und lasst euch mahnen zu der
Umkehr, die Seiner angemessen
ist. Kv

4 Empfangt vergeblich nicht die
Gnade,
lasst euch ermahnen, treu zu sein.
Es wird Gott seinen Geist
ausgießen, wenn ihr sein Wort hört
und befolgt. Kv

5 Lasst die gesunde Lehre walten
und hört nicht Ohrenschmeichlern
zu.
Hört denen zu, die euch ermahnen:
die führen euch zur Wahrheit hin.
Kv

6 Ermahnen mehr ist als erinnern
ermahnen weist den Weg zum Heil.
Das Wort, das nötig ist, zu wachsen
kannst du nicht sagen selber dir. Kv

7 Ermahnt einander jeden Morgen
die Mahnung ist des Glaubens Brot;
seid sorgend um das Heil des
andern,
lasst keinen Tag umsonst vergehn.
Kv __

117 *Lebens-Jahreszeiten*

Mel: GL 273 O Herr nimm unsre Schuld

1 Das Leben stets beginnt *(726)*
als Frühling in der Blüte:
wir blühen auf und sind
erfüllt von Gottes Güte

2 Im Sommer stehen wir
für lange, lange Zeiten,
das Leben, das ist hier
geprägt von großen Weiten

3 Und kommt die Herbsteszeit
kehrt ein bei uns die Enge,
es fällt das Blätterkleid,
das Leben kennt jetzt Strenge

4 Im Herbst ist Frucht erwünscht.
Was hast du Gott zu bieten?
Hast du stets übertüncht,
dass du vergaßt zu lieben?

5 Im Winter stehn wir da,
starr, und sind abgestorben,
mit kahlen Ästen; ja
wir sind ganz arm geworden

6....und hoffen, dass nun kommt
ein Frühling neu, und Leben,
und Christus uns besonnt,
wird Ewigkeit uns geben.

7 Arm, wie ein kahler Baum,
musst du dann vor Gott treten.
Und dann wird wahr dein Traum:
es blüht neu auf dein Leben

8 Das Leben neu beginnt,
als Frühling, der ist ewig.
Wir blühen auf und sind
in Seinen Armen selig. __

118 *Der unsre Zeit in Händen hält*

Mel: GL 422 Ich steh vor dir mit leeren Händen Herr (747)

1 Der unsre Zeit in seinen Händen hält, die für uns schnell verweht so wie im Herbstwind
bei dem ein Tag wie tausend Jahre zählt und tausend Jahre wie ein einzger Tag sind:
du zögerst nicht, mit dem was du verheißt´, du wartest unser, bis wir uns bekehren

2 Unsre Gerechtigkeit: ein schmutz´ges Kleid, verwelkt sind wir wie Laub an toten Bäumen
der Wind verweht uns und nur wenig bleibt, von uns und allen unsern stolzen Träumen.
Ja, wir sind treulos und wir täuschen dich: wir könnten deine Ungeduld verstehen.

3 Du willst nicht, dass ein Mensch zugrunde geht, drum zeigst du uns Geduld und langes Warten
und dein geheimer Plan auch weitergeht, selbst wenn wir dich mit unserm Zaudern narrten.
Dein Tag wird einmal kommen wie ein Dieb, doch du willst uns mit dir auch dann beschenken

4 Wenn wir noch denken: Friede, Sicherheit kommt über alle Menschen das Verderben
kein Stein mehr auf dem andern liegen bleibt, in Wehen alle schmerzlich stehen werden
Der Tag wird brennen tief in unserm Herz, glutrot wird Scham auf unsern Wangen leuchten

5 Erwarten wir die Ankunft unsres Herrn, indem wir heilig, fromm, wahrhaftig leben
nicht weiter bleiben der Verheißung fern, lasst uns danach von ganzem Herzen streben
dass ohne Makel, Fehler, ohne Schuld, von ihm wir dann auch angetroffen werden

6 Komm doch, Erlöser, warte nicht zu lang, komm und erfülle an uns die Verheißung
wir warten manchmal hier im Dunkel bang, uns fehlt dein Geist und einfach die Begeist´rung
Du, der uns stärken will zu unserm Heil komm doch gegangen hier in unsre Mitte.
(angeregt durch Jes 64)

119 *Hoch - Zeit*

Mel: GL 424 Wer nur den lieben Gott lässt walten (799)

1 Es werden Mann und Frau verwandelt,
das Sakrament macht sie ganz neu,
weil Christus jetzt an ihnen handelt:
tritt ihrem Bund als Dritter bei.
Das Paar ist dann von Gottes Art:
in ihm ist Christus Gegenwart.

2 Für sie gilt, wenn sie Ihn drum bitten
was Christus einst in Emmaus tat
er tritt hinzu, wird ihre Mitte;
dies hat er beiden zugesagt:
Er ging zu ihnen mit hinein
um bleibend stets dabei zu sein

3 Sie sind im Wesen jetzt verwandelt, >

in ihnen Christus sich verbirgt.
Ein jeder jetzt „in“ Christus handelt,
in Seinem Namen spricht und wirkt.
Sie schauen sich ins Angesicht
und sehn im andern Christi Licht

3 In jedem nun von diesen beiden
ist Christus für den andern da.
In aller Freude, allem Leiden,
sagt Er zu Mann und Frau sein Ja.
Was jeder gut dem andern tut
das schreibt sich Christus selber gut. *(siehe Matthäus 25)*

4 Der Herr ist da in den Gestalten
von Mann und Frau, fast wie im Brot.
In beiden ist der Herr enthalten,
der sich hingab bis in den Tod.
Wenn einer sich dem andern schenkt
dann der durch ihn den Herrn empfängt

5 Dies ist ein göttliches Geheimnis
der Ehebund ein Sakrament,
Dass Gott im Ehepaar daheim ist,
dies ist ein heiliger Moment.
Die Ehe ist bei Tag und Nacht,
als Dornbusch: Sakramentsandacht!

6 Die beiden sind jetzt ausgesendet
als „andrer Christus“ in die Zeit.
In menschlicher Gestalt gewendet
ist Christus da, ist da und bleibt.
In menschlicher Gebrochenheit
sie kommen gnädig doch noch weit

7 Sie gehn gesegnet durch die Tage,
mit Christus ist das Hohe Zeit.
Sie leben aus der Gottesgabe:
das Sakrament ist ihr Begleit.
Wir danken dir Herr Jesu Christ,
weil du hier gegenwärtig bist.__

Erscheinung des Herrn – Hochzeit von Kana

Wir glauben, du bist ein Zeichen,
dem widersprochen wird

120 *Erscheinung des Herrn*

„Heute wurde die Kirche dem himmlischen Bräutigam vermählt: Im Jordan wusch Christus sie rein von ihren Sünden. Die Weisen eilen mit Geschenken zur königlichen Hochzeit. Wasser wird in Wein verwandelt und erfreut die Gäste.“

Mel: engl.Adventslied Hark an Herolds Voice is calling – oder: GL 863 Gottes Engel zum Begleiter; oder altes GL 877 Erd und Himmel sollen singen (dann mit Refrain) (159)

1 Kommt herbei,
kommt her zur Hochzeit ,
die mit Christus uns vermählt.
Er als Bräutigam der Kirche,
hat sie sich zur Braut erwählt
(Refr: Halleluja! hat sie sich zur Braut erwählt)

2 Durch das Bad
von Wort und Wasser,
macht er heilig uns und rein.
Und das Wasser unsrer Sünde
wandelt er zu Hochzeitswein.
(Refr: Halleluja! wandelt er zu Hochzeitswein)

3 Jordan sing,
schwing deine Wasser
über unsre Wüsten hin,
taufe unsre harten Herzen,
die fast abgestorben sind
(Refr: Halleluja! die fast abgestorben sind)

4 Tränke du,
was dürstend wartet.
Es wird unser Leben gut:
Jesus Christus, der Erlöser
steht als Lamm in deiner Flut >

(Refr: steht als Lamm in deiner deiner Flut.)

5 Weise kommt,
kommt mit Geschenken,
bringt euch selbst als Gabe dar,
betet an, fallt vor Ihm nieder.
Er beschert euch wunderbar
(Refr: Halleluja! Er beschert
euch wunderbar)

6 Weihrauch, Gold
und auch die Myrrhe:
Hochzeitsgabe für den Herrn.
Sie bezeichnen Glanz und Leiden:
seine Stunde ist nicht fern.
(Refr: Halleluja! seine Stunde
ist nicht fern.)

7 Mensch steh auf!
Lauf ihm entgegen!
Dein Geborensein ist nah!
Trink vom guten Wein des Festes.
Der Geliebte ist schon da.
(Refr: Halleluja! Der Geliebte
ist schon da.) *(angeregt durch einen Hymnus im Stundenbuch)*. __

121 *Die drei Erscheinungsweisen des Herrn*

Mel: GL 261 Stern über Betlehem (363)

1 Morgenstern, leuchte uns, sei uns nicht fern
zeig uns die Herrlichkeit Gottes des Herrn
zeig uns die Krippe, das Wasser, den Wein:
lass uns erkennen, wie Christus erscheint

Krippe: der Stern

2 Morgenstern scheine auf,
leuchte uns heim
wie du die Weisen einst führtest
hinein, hin zu dem Gotteskind, das da erscheint; zeig uns
die Herrlichkeit; wir sind gemeint.

Taufe im Jordan: das Wasser

3 Morgenstern, Gottes Licht,
nimm deinen Lauf,
führ uns zum Jordan, wo Christus getauft
und als geliebter Sohn für uns erscheint.
und Gottes Herrlichkeit herrlich aufscheint

Hochzeit zu Kana: der Wein

4 Stern führ nach Kana uns,
zum Hochzeitsfest, wo einmal Fülle
war, dann nur noch Rest
wo Jesus Zeichen tat, ganz wohl gemeint
und Gottes Herrlichkeit herrlich erscheint

Stern, Wasser und Wein

5 Morgenstern leuchte uns,
Wasser und Wein
sie offenbaren uns: Christus erscheint
Zeichen geschehen noch in Gottes Macht.
Gott ist erschienen in unserer Nacht

6 Morgenstern führe uns wieder zurück
in unsern Alltag, zum Glauben als Glück
wenn uns dein Leuchten dann manchmal bescheint
wissen wir, dass es Gott gut mit uns meint.

Betlehem, Jordan und Kana:
Christus erscheint

7 Stern wo ist Betlehem? Zeig uns den Weg
der auch zum Jordan und Kana hin geht!
Krippe und Wasser, die Hochzeit, der Wein
drei Zeichen sagen uns: Christus erscheint __

122 Erscheinung in Kana

Mel: GL 536 Gegrüßet seist du Königin

1 Komm, Tochter Zion, Braut des Herrn, sing ihm Lieder
denn deine Hochzeit: nicht mehr fern, bald kommt er wieder.
Mach dich für Ihn bereit
jetzt ist die Gnadenzeit,
auf dem Erdrund weit und breit.
Freue, freue, freue dich Zion

2 Schau, Tochter Zion, Gott erscheint, beim Fest in Kana
wirkt dort ein Zeichen, das hell scheint, Gott ist nun nah da.
Er bei dem Hochzeitsfest
uns nicht alleine lässt
wenn vom Glück nicht bleibt ein Rest.
Freue, freue, freue dich Zion

3 Komm, Tochter Zion, ohne Geld komm her zur Quelle,
am Wein berausch dich, wie´s gefällt, sei hier zur Stelle:
Gott schenkt dir Liebe ein,
die schmeckt wie goldner Wein
lass das Fest in dir auch sein.
Freue, freue, freue dich Zion

4 Oh Tochter Zion, mach dich schön, schmück dich mit Ringen
dein Bräutigam kommt dich zu sehn, will Glück dir bringen
Lass ihn zu dir hinein
in deinem Hause sein:
er lässt dich nicht mehr allein.
Freue, freue, freue dich Zion

5 Sieh, Tochter Zion, Gott erscheint die Braut zu werben
er tat am Kreuz - hat dich gemeint - aus Liebe sterben.
Er hat das nicht bereut.
Und er sich mächtig freut
wenn du Ja sagst zu ihm heut.
Freue. freue, freue dich Zion

→86, 212, 375

Österliche Bußzeit

Wir glauben an die Vergebung der Sünden

123 *Jetzt ist die Zeit der Gnade I*

Mel: GL 101 Nun ruhen alle Wälder oder GL 213 O hlg. Seelenspeise (185)

1 Jetzt ist die Zeit der Gnade,
jetzt sind des Heiles Tage,
jetzt und nicht irgendwann.
Lasst euch mit Gott versöhnen,
lasst euer Ja ertönen.
Gott ist´s der durch die Kirche mahnt

2 Empfangt doch nicht vergebens
die Gnade eures Lebens,
die Gott euch zugedacht.
Gott wird euch gern erhören.
Lasst euch von ihm betören.
So bitten wir an Christi Statt.

3 So reich ist Gottes Gnade,
barmherzig seine Gabe.
Er wartet mit Geduld,
dass wir zu ihm umkehren,
von manchen falschen Lehren.
und ihn allein verehren
Gott, dir sei Dank für deine Huld.
(nach 2 Kor 5,20-6,2)

124 *Jetzt ist die Zeit der Gnade II*

Mel: GL 409 Singt dem Herrn ein neues Lied (186)

1 Hört die Mahnung aus der Schrift: „Jetzt ist Zeit der Gnade!“
Hört den Ruf, der euch betrifft.
Heiligt diese Tage! >

Nehmt doch diese Zeit entlang
nicht vergeblich in Empfang,
Gottes reiche Gnade.

2 Christus ist es der uns drängt,
uns jetzt zu versöhnen,
uns von Selbstsucht, die beengt
heilsam zu entwöhnen.
Suchet Gott in viel Geduld
und bekennt ihm eure Schuld,
lasst sein Lob ertönen

3 Maßvoll lebe unser Leib,
Gier und Hast vergehen!
Wachsam sei in uns der Geist,
achtsam unser Sehen.
Weil der Weg durch diese Zeit
nur ein Durchgang ist und bleibt
hin zum Auferstehn.

4 Davon spricht die Jahreszeit,
die lässt Frühling werden
und für Ostern macht bereit
unsre kalte Erde.
Nach des Winters Frost und Nacht
wird das Sonnenlicht gebracht.
Zeichen fürs Neuwerden.

5 Darum gibt die Schrift den Rat:
„Neu entfacht die Gnade!“
Lass uns jetzt in Wort und Tat
prägen diese Tage.
Wenn die Gottesliebe brennt
und im Nächsten Gott erkennt,
dann strahlt auf die Gnade.

6 Lasst uns loben, wie er´s mag
Gott und seine Werke!
Froh erwarten jenen Tag
seiner Kraft und Stärke.
Gott schuf diese heilge Zeit
uns zum Heil, macht euch bereit,
dass es Ostern werde!
(nach 2 Kor 5,20-6,2 und einem Hymnus nachgebildet) __

125 *Mich dürstet – gib du mir zu trinken*

Mel: Da wo ein Brunnen fließt/ Kennst du das alte Lied (583)

1 Gott ist´s, der nach uns sucht
uns immer beim Namen ruft
lädt uns in die Gemeinschaft ein
will ohne uns nicht sein.
Er spricht uns täglich an
wer Ohren hat, hören kann
wie er sich nach der Antwort sehnt.
Oft wird er abgelehnt.

2 Er immer um uns wirbt,
sein Rufen niemals erstirbt
so wie der Bräutigam zur Braut
er liebend nach uns schaut
Wort, das die Antwort will
das stark ist und doch ganz still
Bittend steht er vor deiner Tür.
Hast du Gespür dafür?

3 Er, der die Quelle ist,
aus dem Lebenswasser fließt,
ihn dürstet nach des Menschen Ja
sind wir doch für ihn da!
Gib mir zu trinken! heißt:
gib dich mir mit Leib und Geist
gib meinem Wort die Antwort hier,
gib deinen Glauben mir

4 Gott, der barmherzig ist,
so mancher ihn bald vergisst
doch er steht weiter treu zu uns
wir sind in seiner Gunst.
Wir können Antwort sein
lebendig, kein Wort aus Stein
brennend das Herz, vom Geist
berührt
gebend, was ihm gebührt

5 Seht die Barmherzigkeit
umhüllt unsern schwachen Leib
kleidet uns, macht uns recht und gut
sie an uns Wunder tut.
Zieht das Erbarmen an >

lasst Gott an das Herz heran,
lasst euer Leben Antwort sein
dann seid ihr nie allein. __

126 *Schäme dich nicht*

Mel: GL 94 Bleib bei uns Herr (183)

1 Schäme dich nicht des Evangeliums Christi, es ist die Kraft, die rettet, wenn du glaubst.
Gerechtigkeit und Rettung für dich ist sie, Gottes Erbarmen ist es, was du schaust.

2 Schäme dich nicht des Glaubens deiner Väter,
sie standen fest und blieben alle treu.
Bekenne du dich mutig, sei ein Täter;
des Wortes Glanz verkünde ohne Scheu.

3 Schäme dich nicht für deines Herrn Gebote, sie sind des Menschen Freunde jederzeit.
Sei du für sie mit deinem Vorbild Bote,
liebe sie, denn sie füh´rn zur Heiligkeit.

4 Schäme dich nicht der Kirche deines Herren; in ihrer Schwachheit trägt sie
Gottes Kraft.
Heilig ist sie und muss doch stets umkehren. Gott ist es selbst, der durch sie Heil erschafft.

5 Schäme dich nicht für deine eigne Schwachheit, weil in der Schwäche Gott erst wirken kann.
Halt dich Gott hin, denn er gibt dir die Wachheit, dass du erkennst, wie er bei dir fängt an.

6 Schäme dich nicht, und lebe froh den Glauben, und unterschätze dessen Wirkung nicht.
Lasse dich nicht um seine Kraft berauben. Sei mutig in der Welt ein Licht vom Licht. *(Str.1: Röm 1,16)*__

127 *Begnadigt*

Mel: GL 416 Was Gott tut das ist wohlgetan (164)

1 Gott lässt sich auf die Erde ein,
damit befreit wir werden
aus vielerlei Gefangensein,
die binden mit Beschwerden.
Du rufst die Zeit der Gnade aus,
hast Dich uns ganz gegeben.
Wir fanden neu das Leben.

2 Du kommst und setzt die Zeichen um, die uns am Leben hindern,
machst grade was bei uns noch krumm, was Liebe kann vermindern.
Du hast am Kreuz für uns bezahlt,
den Schuldbrief aufgehoben;
und uns zu dir erhoben.

3 Du rückst für uns die Welt zurecht
durchkreuzst die Urteilssätze
stellst richtig, richtest auf dein Recht,
aus Erstem wird das Letzte.
Quer steht Dein Wort zu manchem Ding, bringt neuen Sinn ins Leben:
das wird uns Frieden geben.

4 Gott, Dank für deinen Wagemut
uns Gnadenzeit zu schenken.
Begnadet sein ist großes Gut,
viel mehr, als wir es denken.
Wir glauben an dich großer Gott
und wollen dich anbeten.
In deine Spuren treten. __

128 *Jenseits von Eden*

Mel: GL 81 Lobet den Herren alle die ihn ehren / oder GL 484 Dank sei dir Vater für das ewge Leben / oder GL 290 Herzliebster Jesu (676)

1 Einst stand ein Lebensbaum im Garten Eden, der war uns nicht zum Nehmen aufgegeben, doch Menschenhochmut hat danach gegriffen:
dann erst begriffen

2 Dann erst begriffen, wie der Baum verdorrte, weil Menschen taten, was der Herr nicht mochte. Damit begann ein mühevolles Leben: jenseits von Eden

3 Jenseits von Eden ist das Leben Bürde. Menschen verlieren dadurch ihre Würde, wenn sie die Worte Gottes stets verneinen: selbst wie Gott scheinen

4 Selbst wie Gott scheinen, das führt ins Verderben, denn was sie säen, werden sie auch erben. Keiner allein kann sich davon erlösen:
von diesem Bösen

5 Von diesem Bösen kann uns der befreien, den man am Kreuzbaum aufhängt unter Schreien. Durch ihn beginnt der Baum ganz neu zu blühen: durch Sterbensmühen

6 Durch Sterbensmühen hast du, Jesus, alle vom Tode aufgehoben und vom Falle. Du bist am Kreuzesbaum für uns gestorben:
hast uns erworben

7 Hast uns erworben. Wir nun dürfen essen vom Kreuzesbaum, das ist nicht mehr vermessen. Mit deiner Hilfe können wir betreten:
den Garten Eden

8 Den Garten Eden hast du aufgeschlossen , ewiges Leben ist in uns entsprossen. Wir danken dir, und preisen dich, Herr, heute: in großer Freude __

129 *Untergetaucht wie Jona (Taufe/Tauferneuerung)*

Mel: GL 551 Nun singt ein neues Lied (199)

1 Gott ruft. Sucht Antwort, Mensch wo bist du?
Ich sende dich. Geh. Geradeaus.
Zweifel und Nein. Sich weigern. Murren.
Weglaufen. Fliehn. So ist der Mensch.
Ob Adam. Jona. Oder jeder:
Verstopfte Ohren. Wirrer Sinn.
Verstecken. Täuschen. Maskenspiele.
Und nackt sein unter Kleiderpracht

2 Geflohen. Frei. Doch tief gefallen.
Abgrund. Getaucht. Bald atemlos.
Flut bis zum Hals. Sturz ohne Ende.
Wie letzter Schrei. Fast sterben wir.
Ob Adam. Jona. Oder jeder:
In Not. Gott fern. Verlassenheit.
Verlorner Sohn. Im Elend. Tränen.
Beginn von Einsicht. Schon zu spät?

3 Untergetaucht. Um neu zu werden.
Ein Bauch. Der birgt. Wie Mutterschoß.
Nachtfahrt. Im Meer. Wie tot. Drei Tage.
Zeit, um zu reifen. Wie die Saat.
Ob Adam. Jona. Oder jeder.
Ob Gottesvolk. Ob Jericho:
Krise ist Gnade. Umkehr. Reue.
Besinnung. Chance. Neugeburt. >

4 Neu aufgetaucht. Atem wir holen.
Wie neugeboren. Erster Schrei.
Ohren. Ganz neu. Um hinzuhören.
Herz. Ohne Stein. Vom Stolz befreit.
Hier bin ich! sagen. Antwort geben.
Geschöpf sein. Folgsam hören. Ja!
Gott rufen! Antwort finden! Glauben!
Wie Jona gehn. Wohin Er will.

5 Getauft. Gesalbt. Mit Christus sterben.
Mit ihm im Grab. Und auferstehn.
Der Sünde tot. Der Liebe leben.
Dem Bösen fliehn. Und weitergehn.
Für Adam. Jona. Oder jeden:
Wir fallen. Christus fängt uns auf.
Der Fisch. Der Ichthys. Bringt uns.
Alle. Ans andre Ufer sicher hin. __

→7, 24,28, 30, 35, 39, 115, 116, 240, 118

Passion &Karwoche

Wir glauben, du hast gelitten für uns
und bist für unser Heil gestorben

130 *Gründonnerstagslied*

Mel: Kennst du das alte Lied (197)

1 Weil Jesus vor dem Fest, erkennt wie die Stunde naht,
wo man ihm abverlangen wird, treu zu sich selbst zu stehn.
Weil er die Seinen liebt, so liebt er uns bis zuletzt.
Er, der von Gottes Liebe sprach, löst sein Versprechen ein.

2 Er steht vom Mahle auf und bindet die Schürze um,
legt sich das Kleid des Sklaven an,
macht sich uns Menschen gleich.
Er bückt sich in den Staub und wäscht uns von Erde rein.
Er, der uns Herr und Meister ist
macht sich für uns zum Knecht

3 Sind wir dazu bereit, dass er diesen Dienst uns tut?
Ahnen wir, dass er uns berührt, und uns verwandeln will?
In diesem Wasserbad, da stirbt unser alter Mensch.
Da bleibt nichts, wie es einmal war.
Darin wird alles neu.

4 Wer sich nicht waschen lässt, der hat keinen Teil an ihm,
weil er noch nicht verstanden hat,
was Christus wirklich will.
Jesus geht in den Tod, er gibt sich in Wein und Brot,
wer ihm darin nicht folgen will,
bleibt in der Finsternis.

5 Werden wir je verstehn, was er für uns hat getan?
Er hat ein Beispiel uns geschenkt,
mit dem er uns berührt.
Werden wir zu ihm stehn und tun was er uns gesagt?
Werden wir seinen Weg nun gehn,
jeder mit seinem Kreuz. __

131 *Fußwaschung*

Mel: GL 375 Gelobt seist du Herr Jesu Christ (198)

1 Gott, der du uns voll Liebe liebst,
machst dich für uns zum Knechte,
ziehst dir das Kleid des Sklaven an,
legst ab die Gottesrechte.
Kv: Du kniest an unsren Füßen
uns zu dienen >

2 Du steigst hinab, du machst dich gleich
dem menschlichen Geschlechte.
Und nimmst für uns den Tod auf dich:
für Sünder und Gerechte. Kv: Du kniest an unsren Füßen uns zu dienen

3 Weil du der Herr bist, wirst du klein,
zeigst deine wahre Größe.
Legst dein Gewand ab, zeigst dich bloß,
doch gibst dir keine Blöße. Kv

6 Du gehst zu Boden, kniest vor uns,
ganz tief an unsren Füßen.
Das Kreuz, es bringt dich tief zu Fall.
so willst du für uns büßen. Kv

7 Wir danken dir, du neigst dich zu,
kommst ganz zu uns herunter.
Der Größte unter uns wird sein,
der unter uns geht unter. Kv

8 Gott, der du uns als Diener riefst,
willst uns auch Freunde nennen.
Du teilst uns mit des Vaters Wort,
damit wir ihn erkennen. Kv

9 Du, der für uns sein Leben ließ,
du *willst nicht Herrn und Knechte*.
Du lädst zum Dienst und Lieben ein:
das Größte aller Rechte. Kv
(angeregt durch einen Text von L. Zenetti, kursiv: Zitate) __

132 *Im Garten Eden*

Mel: GL 360 Macht weit die Pforten in der Welt oder 357 Wie schön leuchtet der Morgenstern (383)

1 Und nach dem Mahl geht er hinaus und liefert sich den Menschen aus: dazu ist er gekommen;
geht tief hinein in jene Nacht, die unsre Sünde hat gebracht, uns hat das Heil genommen.
Gibt sich, will mich so erlösen von dem Bösen, Leben schenken.
Lasst uns Seiner heut gedenken.

2 Er geht zu einem Garten hin, im Garten war einst der Beginn von menschlichem Versagen.
Im Garten Eden es geschah, der Mensch wollt sein wie Gott; und da / tat er den Aufstand wagen: mehr sein, Herr sein, wie der Schöpfer selbst der Töpfer, schalten, walten.
Ohne Gott sich selbst entfalten.

3 Jenseits von Eden: Gott nicht nah! Im Ölberggarten: ER ist da!
Er selbst bringt uns die Wende.
Stand einst ein Nein als Mauer da, sagt Einer jetzt ein großes Ja. Der Aufstand geht zu Ende.
Sagen, wagen, Gottes Willen ganz erfüllen
ihn erforschen, seiner Weisung klug gehorchen.

4 In diesem Garten nun geschieht, dass einer ganz auf Gott hinsieht ,
es schafft, auf ihn zu hören.
Im Garten damals war es Schuld, in diesem ist es Gottes Huld, sie hilft uns umzukehren. Schauen, trauen, auf Gott setzen, nicht verletzen seine Treue. Und im Bund sein ganz aufs Neue.

5 Im Garten legt man ihn zu Grab,
als Samen nach vollbrachter Tat,
dort steht er auf zum Leben. Der >

Garten österlich erblüht, ein Jawort schon dazu genügt, wir sind zurück in Eden. Aufstehn, mitgehn, in den Garten, Gott erwarten, Leben finden, sich an Gott ganz fest anbinden. __

133 *Lied der Johannespassion*

(675)

Mel: GL 273 O Herr nimm unsre Schuld

1 Mit Fackeln kommen sie, das Licht vom Licht zu suchen. Und bleiben finster doch und hören nicht sein Rufen

2 Am Feuer Petrus steht, wärmt sich an falschen Kohlen. Der Hahn der kräht klagt an: er hat sich weggestohlen

3 Ein Kuss wird zum Verrat. Wenn wir den Herrn heut küssen *, ist´s oft nicht Liebestat: ist Ichsucht, wie wir wissen

* *z.B. indem wir Heiliges verehren*

4 Auf Macht ist kein Verlass, die Macht braucht keine Wahrheit. Sie dreht ihr Fähnchen nach dem Wind und scheut die Klarheit

5 Gericht mit viel Geschrei: es drängt die Volkesmeinung. Man schreit das Kreuz herbei, es zählt nur noch Verneinung

6 Wer schreibt, der bleibt! sagt man. Der´s Urteil hier geschrieben ist im Gericht bald dran: von ihm ist nichts geblieben

7 Nackt ausgezogen wird, der andre liebend anzieht. So bloß zeigt er uns wie der wahre Mensch denn aussieht

8 Der alte Adam schämt sich und trägt Feigenblätter. Der neue Adam, nackt vor Gott, ist unser Retter

9 Sie hingen ihn ans Kreuz, zu töten seine Worte. Doch er durchkreuzt ihr Werk, spricht heut an jedem Orte.

10 Sie gingen zu dem Grab um ihn zu konservieren, doch er ist längst voraus;
das wird sie irritieren. __

134 *Sieben Worte am Kreuz*

Mel.: GL 532 Christi Mutter stand (76)

1 Sieben Worte, die gesprochen,
Worte, die du nie gebrochen,
Wort vom Kreuz herab in Kraft.
Sieben Worte, voll des Lebens,
wer sie hört, glaubt nicht vergebens.
Worte deiner Leidenschaft.

2 Sieben Worte, die wir hörten,
Worte, die vom Schlaf aufstörten.
Wort, das uns wach rufen kann.
Sieben Worte, die wie Segen,
sollen wir im Herz bewegen,
uns zu eigen nehmen an.

3 Sieben Worte, uns gegeben,
Worte rufen uns ins Leben,
dir zu folgen, hier und dort.
Wort vom Wort und Licht vom Lichte
machst des Todes Macht zunichte.
Liebe hat das letzte Wort. __

135 *Kehrvers bei der Betrachtung des Sieben Worte Jesu*

(77)

Mel.: GL 273 O Herr nimm unsre Schuld

V/A O Herr, dein Wort am Kreuz ist für uns Licht und Leben: >

es leuchtet auf dem Weg und
wird uns Frieden geben. __

136 *Im Kreuz ist Heil*

Mel: GL 299 Der König siegt sein Banner glänzt (321)

1 Das Kreuz soll in der Mitte stehn
von dort wird alles Heil ausgehn
am Kreuz litt Christus unsre Not
erkauft uns Leben durch den Tod

2 Ein Lanzenstoß traf tief sein Herz
ein Quell entsprang aus diesem Schmerz
der wäscht uns rein in seinem Strom
vom Schaden unsrer Rebellion

3 Schon David es verkündet hat
dass Christus herrscht vom Holz herab
Vom Baum der Tod einst zu uns kam
am Baum das Leben neu begann

4 Der kahle Baum ist jetzt geschmückt
mit Passionsblumen reich bestückt
er trägt den Herrn, trägt Jesses Reis
das blühen wird, wie jeder weiß.

5 Du Herr am Kreuz du trägst die Last, dadurch du uns erlöset hast
Die Last wiegt schwer, du trägst das All
wenn du beim Kreuzweg gehst zu Fall

6 Das Kreuz legt alle Hoffnung frei
es bringt den Frieden uns herbei
denn Christus dort am Kreuz zerriß,
den Schuldschein, sicher und gewiß

7 Dreifaltger Gott, das Kreuz uns zeigt wie weit sich deine Liebe neigt.
Im Kreuz erringen wir den Sieg
den Christus gern den Seinen gibt__

(dem Kreuzeshymnus nachgestaltet)

137 *Der andere König*

Mel: GL 299 Der König siegt sein Banner glänzt oder GL 342 Komm Heilger Geist mit deiner Kraft (322)

1 Das Zeichen Christi, kommt und seht:
sein Kreuz in unsrer Mitte steht;
durchkreuzt zwar unsren Traum von Macht;
doch hat´s den König uns gebracht

2 Ein König einer andren Art
stark, kraftvoll und doch liebend zart.
Sein Königtum ist nicht von hier.
Sein Denken ist nicht so wie wir.

3 Sein Reich ist nicht so wie die Welt,
die sich im Herrschen gut gefällt.
Er herrscht am Kreuz. Das ist sein Thron.
Er gibt sich hin. Er, Gottes Sohn.

4 Er ist nicht da für Brot und Spiel.
Wer ihn zum König machen will
weil Hunderte er satt gemacht:
da flieht er fort aus jeder Stadt.

5 Er gibt ein völlig andres Brot
das wirklich führt aus aller Not:
den Willen Gottes stets zu tun
ist Speise, macht vom Tod immun

>

6 Er sendet keine Engel aus
damit sie holen ihn heraus
aus Kreuzbedrängnis, Leid und Furcht
Der König geht für uns hindurch.

7 Seht da der Mensch, den König seht
der wundgeschlagen vor uns steht!
Er geht selbst für uns in den Tod.
Denn dieser König, der ist Gott.

8 Vom Kreuz herab er uns regiert,
sein Volk auf gute Weide führt,
sucht alle, die da sind verirrt.
Der König ist der gute Hirt.

9 Die Ohnmacht ist die Königskraft
mit der er neu das Leben schafft.
Sein Zeichen ist die Dornenkron
Sein Maßstab ist das Weizenkorn.

10 Dir, unserm König singen wir
vor deinem Thron uns neigen hier
Am Kreuz versammelst du dein Volk
das dir als seinem König folgt.
Amen __

138 *Ich steh an deinem Kreuze hier*

Mel: GL 347 Der Geist des Herrn erfüllt das All oder 371 Herz Jesu Gottes Opferbrand (364)

1 Ich steh an deinem Kreuze hier, Herr Jesu, du mein Leben. / Ich komm und bring und schenke dir, was du mir hast gegeben. / Nimm hin, es ist mein Geist und Sinn, Herz, Seele, Mut nimm alles hin / und lass dir´s wohl gefallen.

2 Dich dürstet es nach meinem Herz, sehnst dich nach meinem Glauben. Und dies ist dir der größte Schmerz, wenn ich dich drum beraube. Du gabst dein Leben ganz dahin, dein Sterben ist für mich Gewinn. Herr lass mich Antwort werden

3 Ich steh an deinem Kreuze hier, und bringe dir mein Leben. / Ich bring dein Eigentum zu dir, denn du hast´s mir gegeben. / Ich bringe nicht nur Dinge hin, ich bringe Geist, Herz Seel und Sinn. / Das wird dir wohl gefallen.

4 Denn Gaben, Opfer und Gebet, die ich dir Herr will bringen, / sie zeigen an, wie´s in mir steht, sind Zeichen von ganz innen. / Lass das, was Hand und Lippen tun, in meiner tiefen Liebe ruhn. / So kann ich dich anbeten. *(Str.1 siehe GL 256)*

139 *Das Kreuz durchkreuzt*

(424)

Mel: GL 294 O du hochheilig Kreuze

1 Das Kreuz durchkreuzt die Wege,
weckt auf, wenn wir sind träge
es ruft in die Entscheidung
erwirkt uns die Befreiung.

2 Das Kreuz ist Richtungszeichen
damit wir´s Ziel erreichen
es lenkt den Blick zum Himmel
nach rechts und links auch immer.

3 Das Kreuz ist Himmelsleiter
erhöht uns immer weiter
zieht sicher uns nach oben
denn unser Ziel liegt droben

4 Das Kreuz ist eine Brücke
es spannt sich in die Lücke
die uns von Gott will trennen.
damit zurück wir können. >

5 Das Kreuz, der Baum des Lebens
wir stehen nicht vergebens
in dieses Baumes Schatten:
und werden nicht ermatten

6 Das Kreuz Symbol des Sieges
beim Führen jenes Krieges
tagtäglich mit dem Bösen.
Das Kreuz kann uns erlösen.

7 Das Kreuz, o Herr, dein Zeichen,
ich will davon nie weichen
Du schließt uns auf das Leben
das du am Kreuz gegeben.

8 Im Kreuz will ich dich loben
hast mich damit erhoben
Am Kreuz ich sicher stehe.
nicht falle, aufrecht gehe __

5 Das Feuer, das du bringst,
das sollten wir umschwärmen:
doch wir tun lieber uns
an falschen Feuern wärmen

6 Du gibst uns dein Gebot,
damit wir dich recht lieben:
wir hören nur „Verbot"
und lassen dich links liegen

7 Herr, du hast uns erlöst
uns aus dem Tod entbunden
wir haben uns gelöst von dir,
dich nicht gefunden

8 Bleib an uns weiter dran
dass wir dich nicht verlieren
fang mit uns immer an
Du kannst zum Ziel uns führen __

140 *Was er für uns tut*

Mel: GL 273 O Herr nimm unsre Schuld
1 Du brachst für uns das Brot *(499)*
und teilst uns aus dein Leben:
und wir zerbrechen dich am
Kreuz unseres Strebens

2 Du gabst uns süßen Wein
wir gaben dir nur Essig;
du schenkst dich selber ein.
Den Dank dafür vergess ich

3 Du sprichst zu uns dein Wort
und bittest uns, zu hören:
wir schweigen still zurück
und lassen uns nicht stören

3 Du bist der Gute Hirt,
willst uns zur Quelle führen:
wir weiden uns gern selbst
und lassen dich das spüren

4 Du bist das Licht der Welt
willst schenken uns sein Funkeln:
doch wir verfinstert sind
und bleiben gern im Dunkeln

141 *Was wir mit ihm tun*

Mel: GL 468 Gott gab uns Atem (500)
1 ER hängt an uns,wir lassen IHN
hängen
legen aufs Kreuz IHN,
ER steht zu uns,
IHN, der uns aufhebt, lassen wir
fallen
setzen IHN fest, ER setzt uns frei

2 ER zieht uns an, doch wir IHN
entblößen,
wir fesseln IHN. Uns fesselt sein
Wort.
Wir schlagen IHN, ER schlägt neue
Seiten
im Buch des Lebens für uns auf.

3 Wir binden IHN, und auch seine
Hände
doch ER entbindet uns von der
Schuld,
wir nageln fest IHN auf seine
Worte; er auf den Nägeln
uns jetzt brennt. >

4 Wir lassen IHN schon so oft links liegen
ER lädt zu seiner Rechten uns ein.
ER gibt von sich uns immer das Beste:
doch, wie wir sind, gibt IHM den Rest.

5 Wir nehmen IHM auch zuletzt den Atem
ER hauchte seinen Geist für uns aus:
wir atmen IHN ein, und können leben
SEIN Lebensodem macht uns neu

6 Wir wollen gern IHN zum Schweigen bringen
doch ER schrie laut auf: der letzte Schrei,
der heute ist noch immer zu hören,
ER spricht zu uns, ER spricht uns frei

7 Wir geben IHN in das Grab und schließen IHN, wie wir meinten, darin fest ein
ER aber schließt uns auf für das Leben
wenn wir für IHN entschlossen sind

8 Wir legen IHM in den Weg nur Steine
daraus er aufweckt Kinder für Gott,
bringt auch den Stein am Grabe ins Rollen.
baut uns aus Steinen einen Weg

9 Wir wollen IHN tot einbalsamieren: er ist bereits gesalbt mit dem Heil
und ist durch uns nicht zu konservieren
er läuft dem Tod davon und lebt.
(Auf die Idee zu diesem Text hat mich ein Lied von Wilhelm Willms im alten Gotteslob gebracht / Nr.184) —

142 *Die hl. fünf Wunden I*

Mel: GL 289 O Haupt voll Blut und Wunden (584)

1 Die heiligen fünf Wunden,
durch sie sind wir geheilt,
sie wollen uns bekunden
wie Christus mit uns teilt
Fünf Wunden, die geschlagen
durchbohrt ist Christi Leib
damit wir leibhaft lieben
und tun, was ihn bezeugt

2 Durchbohrt sind Christi Hände
die Segen uns gebracht
die schenkten ohne Ende
die viele heil gemacht.
Aus diesen Wunden fließt uns
die Liebe in die Hand
damit wir gütig handeln
und Christus wird bekannt

3 Durchbohrt sind Christi Füße
für die kein Weg zu weit
geehrt einst durch die Küsse
der Frau, die ihm sich weiht.
Aus diesen Wunden nehmen
wir Kraft für jeden Schritt
dass unsre Füsse gehen
den Weg mit Christus mit

4 Durchbohrt ist Christi Seite
sein Herz durchstoßen ist
Ein Strom in ganzer Breite
aus dieser Wunde fließt.
Getauft wir darin werden
im Wasser und im Blut
damit wir uns verströmen
voll Liebe, voller Glut

5 Durchbohrt ist unser Denken
von dem, was Liebe ist
es heißt, sich andern schenken
wie du, Herr Jesus Christ.
Und selbst noch aus den Wunden
erblüht das Leben neu >

aus Wunden strömen Wunder
und Knechte werden frei. __

143 *Die hl. fünf Wunden II*
(585)

Mel: GL 786 Gelobt sei Jesus Christus

1 Die heiligen fünf Wunden
die man dem Herrn antut,
da man ihn hat gebunden
und an das Kreuz ihn schlug
Durch sie sind wir geheilt
der Herr sie mit uns teilt
Die heiligen fünf Wunden
sind wahr und sind kein Trug

2 Die heiligen fünf Wunden
die Christus uns gezeigt
die haben wir empfunden
als seine Herrlichkeit
Sie haben uns berührt,
zur Liebe hingeführt.
Die heiligen fünf Wunden
sind uns ein Weggeleit.

3 Die heiligen fünf Wunden
sie glühn an Christi Leib
und sind nicht überwunden
ihr Glanz besteht und bleibt
Die Wunden beider Hand
sie segnen Mensch und Land
Die heiligen fünf Wunden
sie heil´gen Christi Leib

4 Die heiligen fünf Wunden
sie blühn in dieser Zeit
sie werden nicht verbunden
sie fliessen allezeit
Aus Herz und Hand und Fuß
strömt Heil im Überfluß
Die heiligen fünf Wunden
sie heilen unser Leid

5 Die heiligen fünf Wunden
verschenken Christi Blut
sie wollen uns bekunden
des Herren Liebesmut
Aus seiner Seite fließt
die Liebe, die groß ist
Die heiligen fünf Wunden
sind unser höchstes Gut

6 Die heiligen fünf Wunden
die leuchten weit und breit
sie lassen uns gesunden
von der Vergänglichkeit
Der Herr, sein Leib und Blut
verwundet Wunder tut
Die heiligen fünf Wunden
sind Zeichen in der Zeit

7 Die Wunden, nicht geronnen
verströmen jenes Blut
das über uns soll kommen
uns macht gerecht und gut
Die Kirche, Christi Leib,
verwundet ist und bleibt
Die heiligen fünf Wunden
wie Feuer sind und Glut __

144 *Was hast du mich vergessen*

Mel: GL 289 O Haupt voll Blut und Wunden – oder: 395 Den Herren will ich loben – oder: 465 Das Jahr steht.. (sowie 185, 187, 354, 477) (599)

1 Was hast du mich vergessen?
Oh Mensch, was tat ich dir?
Das ist nicht angemessen!
Oh Mensch, antworte mir
Ich schenkte dir das Leben –
für dich bin ich wie tot.
Ich will dir alles geben –
du gibst mir karges Brot

2 Warum bin ich vergessen,
oh Mensch, in deinem Sinn?
Du hast mein Brot gegessen:
mein Leben gab ich hin.
Ich stillte deine Sehnsucht –
du lässt mich leer ausgehn.>

Ich sehe deine Selbstsucht –
und kann dich nicht verstehn.

3 Was tat ich dir nicht alles?
Oh Mensch, antworte mir.
Am Tage deines Fallens,
war ich ganz nah bei dir.
Ich hob dich auf vom Boden:
du solltest groß doch sein –
anstatt mich dafür loben,
machst du mich täglich klein

4 Was hast du mich verlassen
für anderen Gewinn?
Ich kann dein Tun nicht fassen.
Oh Mensch, wo läufst du hin?
Ich gab dir mein Vermögen –
du gibst mir oft das Nichts.
Ich gab dir meinen Segen –
du legst auf mich Verzicht.

5 Warum bin ich nicht wichtig,
oh Mensch, in deinem Plan?
Du tust, als wär ich nichtig,
und schaust mich gar nicht an.
Ich schenk dir mein Ansehen,
in jedem Augenblick –
du aber lässt mich stehen,
mit manchem faulen Trick.

6 Ich gab dir Wein zu trinken –
du gibst mir sauren Trank
Ich ließ dich nie versinken
auch nicht bei Wellengang –
In deiner Welt versunken
bin ich, dafür sorgst du.
Ich heilt´all deine Wunden –
du fügst mir Wunden zu

7 Oh Mensch, hör meine Stimme,
ich frage dich: Warum?
Wie kann ich dich gewinnen,
was soll ich dir noch tun?
Im Zorn verbarg ich kurz nur
vor dir mein Angesicht,
trotz deiner steten Abfuhr,
vergesse ich dich nicht.

8 Ich sehe dich als Armen,
ich lass dich nicht allein
mit Herz und mit Erbarmen,
hol ich dich zu mir heim.
So spürst du meine Treue
trotz aller Menschenschuld
Ich rette dich aufs Neue.
Ich hab mit dir Geduld. __

145 *Sag was hab ich dir getan?*

*Mel. Du bist heilig, du bringst Heil (600) (*die Melodie der Strophe wird wiederholt, dann erst kommt die Melodie des Refrains ins Spiel. Also: nach Takt 16 da capo und dann die ganze Liedmelodie von Anfang bis Ende*

1 Sag was hab ich dir getan?
fragt Gott bei uns Menschen an.
Womit hab ich dich betrübt,
dass du dich um mich betrügst?
Weißt du noch, was ich dir tat
stand dir bei mit Tat und Rat,
gab mein Leben für dich hin:
du schlägst mich dir aus dem Sinn.

Die Antwort des Menschen

* Unser Gott und Herr bist du
und wer hält es aus, dass du
der uns tief im Herzen liebt
uns so viel an Gutem gibt:
dass man dich so schnell vergisst
und dich nicht einmal vermisst
dass man dich beiseite schiebt
fast nur noch sich selber liebt.

R: Dich verlassen heißt verpassen
zu erfassen das von dir kommt alles
Gut.
Ich will bleiben dich nicht meiden
mit dir leiden: deine Liebe macht
Mut >

2 Sag, was hab ich dir getan,
so spricht Gott uns Menschen an,
dass du auf mich nicht mehr hörst
und auf andre Götter schwörst?
Wasser, Wein, mich selbst als Brot
gab ich dir in deiner Not
Deine Sehnsucht stillt ich dir,
du gibst nur den Essig mir
Die Antwort des Menschen
* Unser Gott und Herr bist du
und es lässt mich nicht in Ruh,
dass von uns dir viel geschieht
was dir weh tut, dich betrübt
dass wir dir mit kaltem Herz,
oft begegnen, was dich schmerzt
das wir vielfach zu dir sind
störrisch wie ein trotzges Kind
R: Ich will schauen, dir vertrauen
auf dich bauen,
denn du bist ein fester Grund
will dich achten, nicht entmachten
dich betrachten
loben mit Herz und Mund

3 Gott spricht: Mensch, ich liebe dich
hab nur kurz mein Angesicht
von dir abgewandt im Zorn:
ich beginn mit dir von vorn.
Mein Erbarmen holt dich heim
lässt dich Armen nicht allein
und trotz aller Menschenschuld
bin ich bei dir in Geduld
Die Antwort des Menschen
* Unser Gott und Herr bist du
und ich wende mich dir zu
Ich war lange Zeit verirrt
komm zurück, zum Guten Hirt
will nun endlich Antwort sein
und lebendig, nicht aus Stein
dass du Liebe treu erfährst
deine Sehnsucht wird genährt.
R: Ich will singen Liebe bringen
vor den Dingen sollst du, Herr,
der erste sein.
Lass mich loben, dich da droben
denn von oben
kommt die Liebe herein. __

146 *Helfer auf dem Kreuzweg*

Mel: GL 422 Ich steh vor dir mit leeren Händen, Herr (610)

1 Freiwillig gibst du Herr, dein Leben hin.
Du sagst, kein andrer kann´s dir jemals nehmen.
Auf deinem Leidensweg bleibst du der Herr
hast deine Gegner in dein Werk gar eingebunden.
Du machst aus ihrem Sagen, ihrem Tun
Herr, eine Botschaft für den Weg der Gnade

2 *„Besser es stirbt nur einer für das Volk,*
als wenn das ganze Volk wird gehn zugrunde!“
Dies Wort des Hohepriesters nun geschieht
da du dich hingibst, um das Volk zu retten.
Prophetisch war das Wort. Hat sich erfüllt:
du bist der Eine, der sich gibt für alle.

3 *„Ich bin es!“* sagst du denen, die da stehn,
dich festzunehmen, vor Gericht zu zerren.
Sie fielen nieder, es ist Gottes-furcht:
der Gottesname wirft sie gleich zu Boden.
Ich bin es! sagst du, als der Herr und Gott. >

Der Dornbusch brennt in dir, er
weckt die Ehrfurcht.

4 *„Seht da der Mensch!“* Pilatus
sagt es laut
und zeigt auf dich hin, der du
wahrer Mensch bist.
Denn Menschsein heißt mit Gott
ineins zu sein
und mit dem Vater so wie du
verbunden.
Du bist der Mensch schlechthin,
für uns ein Bild:
in dem wir sehen, wie wir Mensch
sein sollten

5 *„Sie teilten deine Kleider unter
sich,
vier Teile... “* – eins für jede
Himmelsrichtung.
So ist gekleidet durch dich alle
Welt,
und überall ziehn an wir dein
Erbarmen.
Legt Jesus Christus an wie ein
Gewand,
das ist der Stoff für alle unsre
Träume!

6 *INRI!* Ein Schild als Evangelium!
Geschrieben steht es da in vielen
Sprachen.
Pilatus kündet mit ihm aller Welt,
dass du am Kreuz *der König* bist
der Juden,
wie´s die Propheten längst schon
angesagt:
dass Gott vom Holz herab hier
herrscht als König.

7 Am Kreuz ruft man dich, Herr,
auch zu Gericht!
Der Mann zu deiner Linken hat´s
für sich eröffnet.
Da er dich höhnt schreibt er sein
Urteil sich
Nur der zur Rechten wird hier
aufgerichtet.
Du wirst vor aller Welt bekannt
gemacht
als Richter der Lebendigen und
Toten

8 Das erste Credo spricht von dir
am Kreuz
prophetisch einer aus dem Volk der
Heiden
Der hier bekennt: *„Ja, du bist
Gottes Sohn!“*
und tiefer sieht als all die Deinen
sahen.
Sein Credo leuchtet uns noch heute
ein.
Herr du hast viele, die dich
weitersagen.

9 Der *Lanzenstich in deine Seite*
Herr,
hat uns für alle Zeit dein Herz
geöffnet.
Der ihn ausführte, der hat uns
gedient:
so kann der Quell der Gnade weiter
fließen.
Denn deine Kirche, jedes
Sakrament
geboren wurde hier durch fremde
Hilfe.

10 *„Sie nahmen deinen Leib vom
Kreuze ab“*
man legte ihn hinein in unsre
Hände.
In unsre Hand gibst du dich
immerfort,
wenn Tod und Auferstehung wir
hier feiern.
Doch haben wir dich niemals in der
Hand; >

dein Leib ist unsren Augen oft entschwunden.

10 *„Sie stellten Wächter auf an deinem Grab"*
doch du durchschreitest lebend alle Mauern.
Die Wächter schliefen, denn du hast die Macht,
und alle Macht der Welt kann dich nicht halten.
So tut die Wacht am Grab für alle kund:
Du bist der Herr, und nichts hält dich im Tode. __

147 *Tiefer Abgrund - sichere Brücke*

Mel: GL 358 Ich will dich lieben (787)
1 Tief war der Abgrund, breit die Lücke,
die zwischen Gott und Menschen stand
unüberwindlich, ohne Brücke,
von hier nach dort: ein fernes Land.
Wir hatten uns von Gott entfernt
und nichts dazu gelernt

2 Wir selber an dem Graben gruben
der uns von Gott getrennt lässt sein
So wie ein Grab war tief die Grube:
wir fielen selbst in sie hinein.
Nun war das Ziel nur noch ein Grab
Der Mensch in Todesbanden lag.

3 Doch Gott kam selbst in unsre Nähe
und überwand das, was uns trennt´
macht sich zur Brücke, dass man sähe
wie er all unsren Mangel kennt.
Er wirft sich in die Bresche; und tut seine Liebe kund.

4 Das Kreuz mit seinen weiten Armen
es ist ein Steg von hier nach da
wer es betritt, spürt das Erbarmen:
in ihm kommt Gott uns Menschen nah.
Im Kreuz sind wir auch nah dem Herrn
sind Ihm nicht mehr so fern

5 O Kreuz, bleib du für uns die Brücke
die Planke, die hinüberführt
sei du der Balken, der die Lücke
ganz schließt, damit uns nichts passiert.
Du füllst für uns den Abgrund ganz.
Und zeigst uns Christi Glanz __

→ 5, 36, 214, 230

Ostern:

Wir glauben an die **Auferstehung & neues Leben**

148 *Der Bräutigam kommt in eure Nacht I (Osternachtslied)*

Mel: GL 334 O Licht der wunderbaren Nacht (224)
1 Wir warten hier in dieser Nacht –
wir warten auf das Leben;
wir wachen wie der Herr gesagt –
wir wachen und wir beten
dass einmal sich der Ruf entfacht:
Der Bräutgam kommt in eure Nacht.
Geht hin, eilt ihm entgegen.

2 Oh Erde hast du ihn gesehn –
ihn, den ich herzlich liebe?
Wer kann mein Sehnen je verstehn?
– ich such in ihm den Frieden, >

bis leuchtend sich der Ruf entfacht:
Der Bräutgam kommt in eure Nacht
Geht hin, eilt ihm entgegen.

3 Ich finde meinen Herrn nicht
mehr – ich habe ihn verloren;
den meine Seele liebt so sehr –
ist mir hinweg gestorben
Wird einmal denn der Ruf entfacht:
Der Bräutgam kommt in eure Nacht
Geht hin, eilt ihm entgegen?

4 Er ist nicht mehr in seinem Grab
– was ist mit ihm geschehen?
Ob man ihn fortgenommen hat? –
ich will ihn wiedersehen!
Ich wart´ bis sich der Ruf entfacht:
Der Bräutgam kommt in eure Nacht
Geht hin, eilt ihm entgegen.

5 Schau auf, weil dein Geliebter
naht – mach auf des Herzens
Augen:
vor dir steht er, wie er gesagt –
du darfst nun nicht mehr zaudern.
So hat sich nun der Ruf entfacht:
Der Bräutgam kommt in eure Nacht
Geht hin, eilt ihm entgegen.

6 Wacht auf, der Bräutigam ist da –
er ist schon auferstanden!
Zünd an die Lichter, denn er macht
– des Todes Kraft zuschanden .
So macht euch für den Ruf bereit,
zu feiern Hochzeit, neue Zeit.
Er ist bei euch zugegen.

7 Vorbei die Nacht, der Sieger lacht
– der Tod ist überwunden:
Der Bräutgam nahm dem Tod die
Macht – am Kreuz, in seiner
Stunde.
So lasst den Ruf nicht unerhört!
Kein Auge hat es je verspürt,
solch große starke Freude.

8 Nimm Tochter Zion dir ein Herz
– sing mit uns: Halleluja!
Erfreue dich, lass allen Schmerz –
denn dein Geliebter ist da!
Nun hört den Ruf am hellen Tag,
der Bräutgam nie mehr gehen mag:
Lob ihn, sing Halleluja.

9 So hat sich denn der Ruf entfacht:
der Herr wird mit uns gehen!
Der, den du suchst, macht hell die
Nacht, du kannst ihn endlich sehen.
Der Ruf durchzieht nun alle Zeit,
er macht auch unsre Herzen weit:
Der Herr ist auferstanden. __

149 *Der Bräutigam kommt in eure Nacht II*

(Alternative Melodie zum Lied 140) (225)
Mel: GL 536 Gegrüßet seist du Königin

1 Wir warten hier in dieser Nacht –
auf das Leben;
wir wachen wie der Herr gesagt –
und wir beten
dass sich in einer Nacht endlich der
Ruf entfacht:
Seht es kommt der Bräutigam. Seht
ihn, geht ihm eilt ihm entgegen

2 Oh Erde hast du ihn gesehn –
den ich liebe?
Wer kann mein Sehnen je verstehn?
– ich such den Frieden,
bis sich in meiner Nacht leuchtend
der Ruf entfacht:
Seht es kommt der Bräutigam. Seht
ihn, geht ihm eilt ihm entgegen

3 Ich finde meinen Herrn nicht
mehr – hab ihn verloren;
den meine Seele liebt so sehr –
ist mir gestorben
Wird denn in tiefer Nacht einmal
der Ruf entfacht: >

Seht es kommt der Bräutigam? Seht
ihn, geht ihm eilt ihm entgegen

4 Er ist nicht mehr in seinem Grab
– was ist geschehen?
Ob man ihn fortgenommen hat? –
ich will ihn sehen!
Ich wart in dieser Nacht bis sich der
Ruf entfacht:
Seht es kommt der Bräutigam. Seht
ihn, geht ihm eilt ihm entgegen

5 Schau auf, weil dein Geliebter
naht – mach auf die Augen:
vor dir steht er, wie er gesagt –
darfst nicht mehr zaudern.
Inmitten tiefer Nacht hat sich der
Ruf entfacht:
Seht es kommt der Bräutigam. Seht
ihn, geht ihm eilt ihm entgegen

6 Wacht auf, der Bräutigam ist da
– ist auferstanden!
Zünd an die Lichter, denn er macht
– den Tod zuschanden .
Macht euch zum Ruf bereit, zu
feiern hohe Zeit:
Hochzeit mit dem Bräutigam. Seht
ihn, geht ihm eilt ihm entgegen.

7 Vorbei die Nacht, der Sieger lacht
– hat überwunden
den Tod und seine alte Macht –
in seiner Stunde.
Kein Auge je verspürt, kein Ohr hat
je gehört
solche Freude weit und breit. Seht
ihn, weithin wunderbar schreiten

8 Nimm Tochter Zion dir ein Herz
– sing: Halleluja!
Erfreue dich, lass allen Schmerz –
dein Freund ist jetzt nah!
Nun ist der helle Tag, der niemals
gehen mag:
bei dir ist der Bräutigam! Lob ihn,
preis ihn sing Halleluja. __

150 *Tochter Zion merke auf (Maria von Magdala I)*

Mel: GL 336 Jesus lebt mit ihm auch ich

1 Tochter Zion, merke auf, *(648)*
in dir hört man großes Klagen:
eine Stimme wird da laut,
jemand scheint ganz zu verzagen.
Maria aus Magdala
du stehst da an Christi Grab

2 Du suchst Christus, deinen Herr:
man hat ihn dir weggenommen.
Du siehst, dass sein Grab ist leer:
wohin ist er dann gekommen?
Wächter, habt ihr ihn gesehn?
Liebend will ich dorthin gehn.

3 Schau auf, der Geliebte naht,
öffne deines Herzens Augen:
vor dir steht er! Er ist da!
darfst die Auferstehung glauben.
Er den du mit Schmerz gesucht
findet dich! Hör seinen Ruf:

4 Er spricht deinen Namen aus!
Du bist zärtlich angenommen,
er ruft dich jetzt in sein Haus,
bist darin jetzt angekommen.
Nun kann seine Hochzeit sein:
Gott und Mensch im Bund vereint.

5 Tochter Gottes, starke Frau,
bist gesandt, uns zu verkünden,
was im Garten du geschaut.,
wo sich Gott und Mensch
verbünden.
Sag es weiter in der Nacht,
dass der Tod verloren hat.

6 Tochter Zion, stimme ein,
sing mit uns ein Halleluja. >

Lass den Schmerz vergangen sein,
nach der Nacht ist nun der Tag da,
da die Sonne hell aufging:
Christus, der das Leben bringt __

151 *Was soll man denn erwarten von einem Grabesgarten (Maria von Magdala II)*

Mel: GL 423 Wer unterm Schutz des Höchsten steht (649)

1 Was soll man denn er w a r ten
von einem Grabes g a r ten,
als dass den Tod er aufbewahrt
und Tote nur um Tote schart?
Seitdem im Garten E den
durch teufliches Best r eben
der Mensch gab Gott sein
Widerwort:
ist tot für uns der Gartenort

2 Was soll man denn er w a rten,
in einem Toteng a rten?
Im Garten wächst nur St e rben.
Das ist es, das wir e r ben.
Bis einer kommt und spricht das
Wort,
das Leben spendet diesem Ort,
bis einer aus dem Grab erstand
und so verwandelt alles Land.

3 Kam aus dem Garten einst der
Tod,
wächst nun das Leben in ihm: Brot!
Maria Magdal e na,
erfährt im Garten Golgota
wie dieser österlich erblüht
als sie den Auferstandnen sieht,
und in ihm ihren Herrn entdeckt
den Gottes Geist vom Tod erweckt

4 Der zärtlich sie mit Namen grüßt,
zurückholt, was wir eingebüßt.
Im Garten blüht ein neuer Bund
der Engel macht es allen kund:
dass Gott und Mensch sind neu
vereint.
Vorbei ist, was der Mensch
verneint.

5 Wir sollen es erw a rten,
wenn wir im Grab, im G a rten
als Tote bei den Toten sind:
dass einer Osterlieder singt;
durch göttliches Best r e ben
aufschließt den Garten E den,
der für uns ganz lebendig glüht.
Wir wissen, was zum Schluß uns
blüht. __

152 *Wach auf der du schläfst steh auf von den Toten*

Mel: GL 451 Komm Herr segne uns (226)

1 Wach auf, der du schläfst, steh auf von den Toten, Christus ist dein Licht, bleib nicht bei den Toten. Du warst Finsternis, bist jetzt Kind des Lichtes. Am Tag des Gerichtes scheint auf, wer du bist.

2 Wach auf, der du schläfst, sei ein Licht vom Lichte. Meid die Finsternis, mache sie zunichte. Lass in dich nicht ein, ihre dunklen Werke. Deine Wachheit stärke. Leuchter sollst du sein.

3 Wach auf, der du schläfst, nur das Licht schenkt Klarheit. Was dem Herrn gefällt, das nur tu in Wahrheit. Denn in Gott ist Licht, Finsternis ist keine;
Leben das ich meine, gibt die Welt dir nicht

4 Wach auf, der du schläfst, steh auf von den Toten. Licht der Welt >

zu sein, hat der Herr geboten. Prüfe alles gut,
widersteh den Lügen, die dich woll´n betrügen. Sei stets auf der Hut. __

siehe unter Weihnachten Nr. 99
Österliches Weihnachtslied / Weihnachtl.Osterlied

153 *Exsultet*

Mel: GL 467 Erfreue dich Himmel (521)
1 Frohlocket ihr Engel und Menschen zusammen
In dieser Nacht steht unsre Welt hell in Flammen.
Lobsinge du, Erde, dem Licht aus der Höhe
geschwunden das Dunkel, wohin ich nur sehe.

2 Lobpreiset den Sieger, den herrlichen König,
ihm sind die Gewalten der Welt untertänig.
Erfreue dich Kirche, bist herrlich umgeben,
vom Glanz dieser Nacht, ihrem Licht, neuem Leben

3 Das Licht dieser Kerze, die leuchtende Säule
vertreibt Tod und Dunkel, ihr Leuchten uns heile
befreit uns von Fesseln, aus Schuld und auch Sünde
Die leuchtende Säule uns Christus verkündet

4 Lobpreiset die Nacht, die für alle auf Erden,
der Anfang von ewigem Ostern soll werden Lobpreiset die Nacht in der Christus als Sieger
emporstieg aus Tiefen. Der tot war, lebt wieder

5 Unfaßbar die Liebe: um uns zu erlösen
gab Gott seinen Sohn hin, befreit uns vom Bösen.
O glückliche Schuld, die uns hatte gebunden,
welch großen Erlöser hast du nun gefunden

6 Die Kerze, geweiht Herr, zum Ruhm deines Namens
sie leuchte uns, die aus dem Dunkel wir kamen,
vereine ihr Licht mit den Lichtern am Himmel
und zeige uns heut schon des Morgensterns Schimmer

7 Sie leuchte und leuchte bis Christus erscheine
der Morgenstern; der mit dem Himmel uns eine
der nie wird verlöschen, der immer wird bleiben
der hell uns aufstrahlt und erleuchtet die Zeiten

8 Erfreue dich Kirche, in dir wird geboren
das Osterlicht Christi, der uns hat erworben
Wir wären umsonst hier als Menschen auf Erden,
wollt´ Christus nicht täglich Erlöser uns werden

9 Durch Christus, das Licht, das erstand aus dem Grabe
uns Menschen erschienen ist: Göttliche Gnade! >

Der mit dir, Gott Vater, nun
herrscht und regieret,
und mit seinem Licht uns stets
österlich führet.
*(nach dem Exsultet der Osternacht)*__

154 *Er hat für uns bezahlt*

Mel: GL 772 Preis dem Todesüberwinder
(534)

1 Einmal heißt es aufzustehen
einmal tritt der Tag hervor,
den wir lang schon kommen sehen:
plötzlich öffnet er sein Tor
Dann ist Zeit, um aufzubrechen
und einander aufzuwecken.
Jetzt die Rechnung wird gebracht.
Gott sagt: Nein, kommt herein!
Und sieh wie er freundlich lacht.

2 Waren wir doch eingeladen.
Christus hat für uns bezahlt.
Schenkte uns ein Kleid der Gnaden:
das, in ihm gewaschen, strahlt.
Darin kann er uns erkennen.
Kann uns „seine Freunde" nennen.
Kommt und trinkt, ganz ohne Geld,
ohne Zahl bei dem Mahl
da ihr euch zu Christus zählt.

3 Arm und leer sein ist die Haltung
wenn du ins Reich Gottes willst
frei von jeder Selbsterhaltung
nur Gott deine Leere stillt .
Wie im Herbst die kahlen Bäume,
streck zum Himmel hoch die
Träume.
Wenn er kommt an jenem Tag,
und du glühst, du erblühst
und trägst Frucht wie Gott es mag.

4 Und wir sind wie neugeboren
selig und von Tränen blind
weil der Tod die Macht verloren
wir jetzt endlich Freie sind.
Stark und groß ist das Erwachen
an dem Morgen nach drei Tagen
Längst vorbei die dunkle Nacht
Angst vergeht! Licht angeht!
Gottes Engel bei uns wacht

5 Keiner wird uns mehr bedrängen
keiner trauert, keiner weint.
Es ertönen Lobgesänge
und die gleiche Sprache eint.
Jetzt der Tod ist überwunden,
jetzt geheilt sind alle Wunden.
Wie ein Fest, so wird es sein.
Allemal, ohne Zahl
trinken wir noch Kana-Wein __
→ 99, 216, 233

Pfingsten:

Wir glauben an dich **Heiliger Geist**
der du Herr bist und lebendig machst

155 *Atme in mir Heilger Geist*

(57)
Mel: GL 380 Großer Gott wir loben dich

1 Atme in mir Heilger Geist, dass
ich Heiliges stets denke./
Denk in mir, du Heilger Geist, dass
mich deine Weisheit lenke. / Lenke
mich du Heilger Geist, dass ich
deine Wege weiß.

2 Treibe mich du Heilger Geist,
dass ich Heiliges nur tue./
Tu an mir, du Heilger Geist, was
mich führt zur tiefen Ruhe. / Ruhe
in mir Heilger Geist, niemals bin
ich dann verwaist

3 Locke mich du Heilger Geist,
dass ich Heiliges stets liebe. /
Liebe gib mir, Heilger Geist, dass
ich finde Herzensfriede. / Frieden
gibst du, weil du liebst, und die
Sünden mir vergibst. >

4 Stärke mich du Heilger Geist, dass ich Heiliges behüte. / Hüte mich du Heilger Geist, schenk mir deine Herzensgüte./ Gut sei mir du Heilger Geist, wie es Christus mir verheißt.

5 Hüte mich du Heilger Geist, das ich Heilges nie verliere. / Nie verlier mich Heilger Geist, dass ich stets dein Suchen spüre. / Suche mich du Heilger Geist, dass ich mich gefunden weiß.

6 Bete in mir Heilger Geist, dass ich Heiliges erbitte. / Bitte in mir Heilger Geist, tief aus meiner Herzensmitte./ Sei mein Herz du Heilger Geist, das dich fröhlich selig preist.
(das Gebet „Atme in mir du Heiliger Geist" wurde hier in Melodie gesetzt und weiterentwickelt) __

156 *Dein Geist ist uns gesandt*

Mel: Dein Geist weht wo er will oder
GL 273 O Herr nimm unsre Schuld
oder: Ein neuer Tag ist da (86)

1 Dein Geist ist uns gesandt
mit seinem Geisteswehen
er stärkt uns den Verstand
gibt uns Vernunft zum Sehen

2 Dein Geist, er führt uns ein
noch tiefer in die Wahrheit,
wo falscher Geist dringt ein
gibt er uns Licht und Klarheit

3 Der Geist entfaltet uns
das Wort der Offenbarung
mit seiner Deutekunst.
Schenkt göttliche Erfahrung

4 Der Geist macht uns bereit
die Kirche zu verstehen
wen er im Herz ergreift
den lehrt er tiefer sehen

5 Der Geist uns dazu bringt,
den Geist zu unterscheiden
wo falsche Lehren sind
hilft er uns, sie zu meiden.

6 Dein Geist entlarvt den Geist
der unsre Welt durchwaltet,
der Widersacher heißt
da er uns missgestaltet.

7 Dein Geist sieht messerscharf
wo uns trügt das Gewissen
er sagt uns, was man darf
und ist kein Ruhekissen

8 Der Geist weht wie ein Wind
will leise zu uns sprechen
wo wir verschlossen sind
kommt er im Sturm, will wecken

9 Der Geist vergibt die Schuld
doch nie die Lästerungen.
Er ist es, der uns schult
uns schenkt Verbesserungen

10 Der Geist, er macht uns frei.
In allen Lebenslagen
steht er uns helfend bei,
in Zweifeln und in Fragen

11 Der Geist heißt Paraklet
ist Anwalt vor Gerichten
wer in Bedrängnis steht
den wird er stark aufrichten.

12 Der Geist tritt für uns ein
ist Beistand in Gebrechen
Er gibt die Worte ein
er selbst wird durch uns sprechen,

13 Der Geist macht uns bereit
den guten Kampf zu wagen
um in Entschiedenheit
den Sieg davon zu tragen __

157 *Was der Geist der Kirche sagt*

zu: Offenbarung 2

(96)

Mel: GL 479 Eine große Stadt ersteht

1 Was der Geist der Kirche sagt
höre zu ganz unverzagt
wie er zu dir spricht
Öffne ihm dein taubes Ohr
du Volk Gottes, tritt hervor
vor sein Angesicht

2 Was der Geist der Kirche sagt
macht sie stark und unverzagt
stellt sie hin ins Licht.
Zeigt ihr, was sie Gutes schafft
und lobt deutlich ihre Kraft,
gibt ihr Zuversicht.

3 Was der Geist der Kirche sagt
sagt er ihr ganz ungefragt
mahnend und mit Frist.
Schau dir deine Werke an.
Ob vor Gott bestehen kann
wie du lebst als Christ?

4 Was der Geist zur Kirche sagt
ist ein Warnruf, der uns fragt:
Was denn hat Gewicht?
Er kehrt unsre Herzen aus
wirft den Weltgeist weit hinaus
stellt uns ins Gericht.

5 Gottes Geist die Kirche weckt
und mit dem Befehlsruf schreckt:
Werde wach, steh auf!
Du lebst zwar dem Namen nach
bist doch tot, die Liebe schwach
krumm dein Lebenslauf

6 Weil der Geist die Kirche liebt
er die Spreu vom Weizen siebt
deutlich, ohne Scheu.
Führt zum Anfang uns zurück
zu der ersten Liebe Glück
Er macht alles neu!

7 Wenn der Geist die Kirche warnt
und den Ungeist klar enttarnt
schützt er sie vor Trug
Falsche Lehren, laues Brot,
führen weg vom wahren Gott
sind für uns nicht gut.

8 Jetzt der Geist der Kirche sagt
jedem, der den Glauben wagt:
Höre und du lebst.
Du empfängst den Siegespreis
und Gewänder leuchtend weiß
Wenn du danach strebst. __

158 *Wer bist du, Licht?*

Mel: GL 94 Bleib bei uns Herr (305)

1 Wer bist du, Licht,
das tief erfüllt mein Wesen
und meines Herzens Dunkel jäh
erhellt.
Wer bist du, Licht, das immer
schon gewesen.
Licht, das mich immer schon ins
Licht hinstellt.

2 Wer bist du, Licht,
das niemals wird vergehen.
Wer bist du, Flamme, die auf ewig
brennt.
Ohne dich könnt ich meinen Weg
nicht sehen und keinen Schritt tun,
der das Ziel schon kennt.

3 Wer bist du, Licht,
das rund mein Sein umschließet
und mich in einem großen Frieden
birgt.
Wer bist du, Licht,
in dem mein Herz aufsprießet,
das mich aufblühen lässt und in mir
wirkt.

4 Wer bist du, Licht,
dem fern zu sein ist Schaden >

und ohne das versinkt die Welt im Nichts.
Wer bist du, Licht,
dem nah zu sein schenkt Gnaden.
Und nur mit dir bin ich ein Kind des Lichts.

5 Du Licht bist näher
mir als ich mir selber
tiefer in mir, als ich es in mir bin,
wo du nicht bist, da wird das Dasein kälter
du bist unfassbar und doch tiefer Sinn.

6 Du Licht unfassbar
und so unbegreiflich, sprengst jeden Namen, übersteigst das Sein:
Dir ganz vertrauen bringt Gewinn ganz reichlich. Du Heilger Geist, du Licht, kehr bei mir ein.

7 Du bist das Licht,
das mich will ganz durchscheinen,
so, wie die Sonne jedes Glas durchdringt.
Lass doch dein Licht mit meinem sich vereinen: dann bin ich Licht vom Licht, das Lichtglanz bringt.

8 Du bist das Licht,
des´ Wahrheit will ich künden
damit die Vielen auch im Lichte stehn.
Lass doch dein Licht durch mich in andren zünden und sie stets auf dem Weg des Lichtes gehn.
(nach Gebeten von Kardinal Newman und Edith Stein) __

159 *An den Heiligen Geist*

Mel: GL 81 Lobet den Herren alle die ihn ehren (427)

1 Du senkst voll Liebe
deinen Blick in meinen
und neigst dein Ohr
zu meinen leisen Worten
und füllst mit Frieden
tief mir Herz und Seele
Heilger Geist Gottes

2 Doch deine Liebe
findet kein Genügen
an diesem Austausch
der noch Trennung da lässt.
Dein Herz verlangt nach mehr.
Kann ich dir´s geben?
Heilger Geist Gottes

3 Dein Leib durchdringt
geheimnisvoll den meinen
und deine Seele
eint sich mit der meinen.
Ich bin nicht mehr,
was ich einst war gewesen.
Heilger Geist Gottes

4 In deinem Herzen
wohnt der ew´ge Frieden.
Du möchtest ihn
in alle Herzen gießen
du möchtest in sie
alle überfließen
Heilger Geist Gottes

5 Doch findest du bei
mir oft keinen Eingang
und keine Ohren
für dein leises Pochen:
in meinen Leib aus Staub
willst du dich geben
Heilger Geist Gottes

6 Du bist das Licht
dass mich erfüllt, mit Freuden.
und meines Herzens
Dunkelheit erleuchtet
Du bist der Raum
der rings mein Sein umschließet
Heilger Geist Gottes >

7 Du bist die Kraft
die Siegel einst zu öffnen.
Du bist der Strahl
der durchdringt bis zum Herzen.
Dann soll mich deine Fülle
ganz durchfluten:
Ewiges Leben.
*(nach Gebetsworten von Edith Stein)*__

160 *Send uns Geistesblitze*

Mel: GL 188 Nimm o Gott die Gaben
1 Gott im Himmel *(428)*
gib uns ein Stück Himmel
für die Erde, die so erdenschwer
dass wir tragen diese Erde leichter
und uns nicht verheben an ihrem Schwergewicht

2 Gott im Himmel
send doch Geistesblitze
auf die Erde, die so geisteslos
lass uns sein Begeisterte im Geiste
und niemals erstarren in unserem Verstand

3 Gott im Himmel
send wie Pfingsten Stürme:
auf der Erde herrscht nur lauer Wind.
Bring die träge Masse in Bewegung
wirble unsern Staub auf, aus dem gemacht wir sind

4 Gott im Himmel
schick uns Feuerzungen;
auf der Erde wird dein Wort sonst kalt
Tau uns auf, die wir auf Eis gelegt sind
und gib unsern Worten dein Feuer, neue Glut

5 Gott im Himmel
lass den Himmel regnen
auf die Erde, die wie Wüste ist
Weck in unsern oft steinharten Herzen
eine neue Blüte und neues Klima auf

6 Gott im Himmel
lass den Wein doch fließen
der auf Erden, uns schon trunken macht
Wein, der glüht vom Geist, für jene Hochzeit
Geistbetrunken wir nur bestehen diese Zeit

7 Gott im Himmel
schenk uns Geistesgaben
für die Erde, die nicht gut begabt.
Lass sie reichlich sich in uns entfalten
ohne sie sind wir, die wir reich sind, nur noch arm.
(angeregt durch einen Text von W.Willms) __

161 *Geist-Anrufungen*

Mel: GL 161 Du rufst uns Herr trotz unsrer Schuld (431)
1 V: Komm Schöpfer Geist, erfüll uns ganz,
A ganz in deiner Liebe
V Entzünde das Feuer und hilf, dass wir brennen
A ganz in deiner Liebe
V Du bist Glut und loderndes Feuer
A ganz in deiner Liebe
V/A Du Geist, der entbrennt in nie mehr zu löschenden Feuern.
V/A Du Geist, der entbrennt in der Glut der liebenden Herzen

2 V: Geist, der in uns betet mit Seufzen
A: lehre uns beten >

V: in der Stille hört er uns zu
A: lehre uns beten
V: Löse uns die Zunge zum Loben
A: Lehre uns beten
V/A: Du Geist, der in unserem Herzen immer schon betet
V/A: Du Geist, als ein heilender Helfer in unserm Beten

3 V: Geist in der Trunkenheit tiefen Glaubens
A: schenk uns starken Glauben
V: Geist der den Glauben in uns geweckt hat
A: schenk uns starken Glauben
V: Du machst selig, alle die glauben
A: schenk uns starken Glauben
V/A: Du Geist, der den Glauben erneuert mit seiner Liebe
V/A: Du Geist, der uns sprechen lässt: Abba, Vater im Himmel
Melodie von vorne beginnend
4 V: Du heilger Geist zu uns gesandt
A: lass uns nicht alleine
V: Als Anwalt und Beistand um uns beizustehen
A: lass uns nicht alleine
V: Du der Tröster und unser Helfer
A: lass uns nicht alleine
V/A: Du Geist, der vor Gott für uns eintritt, wortlos, mit Seufzen
V/A: Du Geist, der sich unser Schwachheit annimmt, uns beisteht

5 V: Geist im Sturmwind und leisen Säuseln
A: mach uns lebendig
V: denn als Schöpfergeist bist du da
A: mach uns lebendig
V: Du verteilst an uns deine Gaben
A: mach uns lebendig
V/A: Du Geist, der uns unruhig macht, damit wir Gott suchen
V/A: Du Geist, der uns heilt und uns aufhilft, dass wir Gott suchen

6 V: Du heilger Geist, du Quelle der Wahrheit
A: zeige uns den Vater
V: Du wirst uns lehren, du bist unser Hirt
A: zeige uns den Vater
V: Du führst uns hinein in die Wahrheit
A: zeige uns den Vater
V/A: Du Geist der Erinnerung und du Vater der Weisheit
V/A: Du Geist aus dem Vater und Sohn, du Spender des Lebens __

162 *Atem des Lebens*

Mel: GL 325 Bleibe bei uns (432)

1 Atem des Lebens, schick uns deinen Hauch
mach uns lebendig, und die tot sind auch.
Schick deinen Atem aus über das Land
Säe neues Leben aus, aus deiner Hand

2 Atem des Lebens, bei uns ist´s der Fall
Totengebeine liegen überall.
Viele entschlafen sind lang vor dem Tod
starben schon seelisch nur am Eigenbrot

3 Atem des Leben, sieh, ein ganzes Land
ißt schon so lang nicht mehr aus Gottes Hand
Sie scheinen lebend, doch sie leben nicht:
ihr eigner Tod steht ihnen zu Gesicht. >

4 Atem des Lebens, war nicht eine Zeit
wo du geweht hast, damals weit und breit?
Als alles tot war. Tot ein ganzes Land.
Wo du geblasen hast zum Volksaufstand.

5 Atem des Lebens, komm du heut im Sturm
fege hinweg du jeden Babelturm
Säusele nicht, komm du mit vollem Wind
weil wir so widerständ´ge Tote sind.

6 Atem des Lebens, ruach, Heilger Geist,
schenk toten Knochen Geist und neues Fleisch
Mache uns Feuer unter unserm Sitz
und schreck auf uns mit deinem Geistesblitz

7 Atem des Lebens, Gottes Lebenskraft
der selbst aus Steinen Kinder für Gott schafft
Wecke uns auf, die wir oft träge sind.
Hauch uns das Leben ein als Gottes Kind.
(Nach der Totenerweckungsvision Ezechiel 37,1) __

163 *Prophetischer Geist*

Mel: GL 870 Wir haben Gottes Spuren festgestellt (433)
1 Ohne Propheten stirbt ein Volk den Tod
wenn Visionen fehlen
dann ist die Richtung nicht mehr recht im Lot
und man kann die Tage zählen.
Refr: Gott spricht:
In jenen Tagen wird´s geschehn
da ich den Geist ausgieße
die Welt wird euch als Zeugen sehn
neu wird das Leben sprießen

2 Ihr alle werdet dann Propheten sein
die Jungen und die Alten
Töchter und Söhne sehen tief hinein
in Gottes Herz und in sein Walten
Refr:

3 Mägde und Knechte sind vom Geist berührt
sie haben Visionen
Alte, die träumen, sind vom Geist geführt,
werden in der Zukunft wohnen
Refr:

4 Kinder und Toren öffnen ihren Mund
aus ihnen spricht die Weisheit
und Blinde sehen tief, und machen kund
was sie sehn mit großer Klarheit
Refr:

5 Prophetisch stehen viele Menschen auf
und haben jetzt Gesichte
schauen im Bild den weiteren
Verlauf unsrer menschlichen
Geschichte   Refr:

6 Ohne Propheten wird der Glaube schwach
Doch einst die Tage kommen
da ruft man´s Evangelium vom Dach
da wird der Schleier weggenommen
Refr: Gott spricht: In jenen Tagen wird´s geschehn
da ich den Geist ausgieße
ihr werdet als Propheten gehn
Gott wird dann neu gepriesen __

164 *Geist-Hymnus I*

Mel: Gottes Engel zum Begleiter o.Hark a herolds voice is calling oder GL 526 Alle Tage sing und sage (434)

1 Heilger Geist vom Sohn verheißen
und vom Vater uns gesandt,
Beistand, Lehrer, sollst du heißen
Gabe du, aus Gottes Hand

2 Leise Stimme, Wort in Ohren
dringe in mein Herz ganz ein
dass du mir nicht gehst verloren
und ich weiß, wie ich soll sein

3 Klares Licht für meine Augen
du erleuchte meinen Geist
denn ich will vor dir gern taugen
auf dem Weg, den du mir weist.

4 Funke du von Gottes Liebe
zünde an die Liebeskraft
dass ich brenne, alle Triebe
für des Gottesreiches Macht

5 Kraft von oben, mich bewegend
treibe mich in deine Hand
dass ich deinem Ratschlag folge
auf Fels baue, nicht auf Sand

6 Sei der Atem meiner Worte
sei mein Rufen, mein Gebet
sei du meine Eingangspforte
in die Tiefe, wo Gott lebt

7 Du Vollender aller Dinge
Heilger Geist, leit mich zum Ziel,
dass ich stets dein Lied nur singe,
teilhaft bin am heilgen Spiel
(angeregt durch ein Gebet von Angela Merici) __

165 *Geist-Hymnus II*

Mel: Heilig lasst uns singen (Lonquich) (435)

1 Komm du heilger Geist des Lebens
Licht von Gott, das Liebe heißt
Ziel du unsres tiefen Strebens
leucht ins Dunkel, heilger Geist
Komm du treuer Freund der Armen
die du alle herzlich liebst
Geist der Treue, im Erbarmen
du uns deine Gaben gibst

2 Trost bist du in vollen Lasten
bist willkommen, höchster Gast
Denen, die durch´s Leben hasten
bist du stiller Ruheplatz;
mäßigst, die in Hitze streiten
füllst uns Geist und Sinne ganz
stehst den Weinenden zur Seiten
was zerbrochen, machst du ganz

3 Ohne, dass du in uns webest
sind die Herzen tot und leer
weil du dürres Land belebest
machst du leicht, was uns zu schwer
Wasche, was im Schmutz vergehet
heile all das Leid der Welt
Gieße, was zu trocken stehet
Halte fest, was stürzt und fällt

4 Biege was zu fest und starr ist,
tau auf, was zu Eis erstarrt
da du unser Heil und Trost bist
mache weich, was ist ganz hart
Denen, die auf dich vertrauen
schenke alle Gaben dein
die auf keinen Sand mehr bauen
wirst du sichrer Felsen sein

5 Mache uns dann, wenn wir sterben
durch die ew´ge Freude reich
weil wir liebten, lass uns erben.
Gott einst sehn in seinem Reich:
Komm du heilger Geist des Lebens
Licht von Gott, das Liebe heißt
Ziel du unsres tiefen Strebens
leucht ins Dunkel, heilger Geist.__

166 *Komm Heiliger Geist*

Mel: GL 175,6 Halleluja (436)

1 Komm zu uns, du H e i lger Geist
Licht von G o t t, das L i ebe heißt.
Komm zu uns, du H e i lger Geist
strahl ins D u n kel d i eser Welt.

2 Komm du der die A r men liebt,
weil du a l l die G aben gibst
Komm du Geist des L i chtes
Quell
unsre Herzen m a che hell

3 Du gibst Trost und n i m mst die
Last
bist uns e i n willk o mmner Gast
Komm, du Geist der L e i chtigkeit
du hältst j u ng die C h r i stenheit

4 Den Gehetzten g i bst du Ruh,
hitzig St r e iten m ä ßigst du
Tröster in Ver l a ssenheit
dem der w e i nt, stehst d u zur
Seit

5 Strahlend Licht, dein s e lger
Glanz
fülle G e i st und S i nne ganz
Komm vom Himmel z u uns her
mache l e i cht, was s o n s t zu
schwer

6 Ohne, dass du i n uns webst
ohne d a s s du u n s belebst
Ohne dich , du H e i lger Herr
sind die H e rzen t o t und leer

7 Wasche, was im S c h m u tz
vergeht
gieße, w a s zu t r ocken steht
Komm, der Heil in H ä nden hält
Heile a l l das L e i d der Welt

8 Biege, was zu f e st und hart
taue, w a s zu E i s erstarrt
du der Finster n i s erhellt,
halte f e s t, was s t ü rzt und fällt

9 Denen, die dir h i e r vertraun
die auf k e i nen S a n d mehr baun
Komm lass uns nicht g a n z allein
schenke a lle G a ben dein

10 Führ uns dann, weil w i r geliebt
durch den T o d, der L e ben gibt
in die e w´ge F r e ude ein
lass uns d a ge b o rgen sein.
(einer Version des Pfingsthymnus nachempfunden)

167 *Der Geist und die Braut*

Mel: GL 451 Komm Herr segne uns (461)

1 Der Geist und die Braut
rufen: Herr, komm wieder!
sprechen: Komm o Herr!
komm zu uns hernieder
Komm mit deinem Licht,
komm mit deiner Gnade,
fülle unsre Tage,
gib uns Zuversicht.

2 Der Geist und die Braut
schauen aus nach Morgen,
wo wir endlich sind
ganz in Gott geborgen.
Komm am Himmelszelt,
diese Welt vergehe,
deine Welt aufgehe,
Herr, die dir gefällt.

3 Der Geist und die Braut
seufzen tief im Herzen,
denn die neue Welt
kommt nicht ohne Schmerzen.
Wie bei der Geburt
liegt die Welt in Wehen
bis wir Ihn dann sehen
der den Weg uns spurt >

4 Der Geist und die Braut
schauen auf nach oben,
und ihr Herz ist schon
zu dir, Herr, erhoben.
Alles wirst du sein,
dem, der dir wird glauben,
wirst uns nicht berauben
lässt uns nicht allein

5 Der Geist führt die Braut
Christus treu entgegen
traut dem Herrn sie an
seinem Hochzeitssegen
Gott und Mensch vermählt
in dem Mahl der Gnaden.
Gott für immer haben.
das allein nur zählt __

168 *Gib uns einen andern Geist*

Mel: GL 351 Komm Schöpfer Geist kehr bei uns ein (774)

1 Gott gib uns einen andern Geist
als den, den unsre Welt so preist.
Gib deinem Geist bei uns den Platz
der ihm gebührt, als unser Schatz.

2 Gott gib uns einen andern Geist
der uns die richt´ge Richtung weist,
der unsre Zungen glühend macht
und über unser Denken wacht

3 Gott gib uns deinen Geist im Sturm
wir bauen noch am Babelturm.
wir reißen an uns mit Gewalt
das Gottesreich. Du lässt uns kalt.

4 Gott, schick den Geist, ganz ungezähmt, denn wir sind lang schon wie gelähmt.
Im Feuer komm mit deinem Geist,
brenn nieder, was sich falsch erweist.

5 Gott, deinem Geist gib bei uns Sitz
durchfahr die Trägheit wie ein Blitz.
Komm rüttle deine Kirche auf,
wirf allen falschen Geist hinaus

6 Dein Geist verkündet, was ist wahr,
er spricht zu uns ganz deutlich klar.
Das Säuseln sind wir lang schon satt
es macht das Evangelium matt.

7 Gott rühr im Geist die Sprache an, dass jeder neu verstehen kann.
Verwirre manchen Menschentext
dass dein Wort tiefer in uns wächst

8 Komm Geist, brenn uns dein Siegel ein, lass uns dadurch gerettet sein.
Wenn du nicht kommst, o Gottes Geist,
sind wir in Ewigkeit verwaist. __

169 *Löscht den Geist nicht aus*

Mel: GL 336 Jesus lebt mit ihm auch ich (775)

1 Löscht den Geist in euch nicht aus
macht es nicht so wie die Toten
die ihn schickten aus dem Haus
die verjagten seine Boten.
Sprecht mit Zungen, die noch glühn
Lasst des Geistes Funken sprüh´n

2 Löscht den Geist nicht, wo er brennt,
sollt sein Feuer nicht verschweigen.
>

Wenn ihr seinen Sturmwind kennt,
geht doch hin, ihn laut zu zeigen.
Lasst die Sprache feurig sein,
reißend so wie junger Wein

3 Löscht den Geist in keinem Fall,
er ist Antwort unsrer Fragen
Laut ist oft sein Widerhall,
doch auch still kann er uns sagen:
dass er Tröster ist und Freund,
wenn er in uns aufgeräumt.

4 Löscht den Geist in euch nicht
aus,
kommt mit brennenden Laternen
Fürchtet nicht den Geistesbraus
der den Ungeist will entfernen.
Wo sein Atem drüber weht
wird die Welt von ihm bewegt

5 Löscht die Lichter niemals aus
die als Hoffnung in euch brennen.
Öffnet Gottes Geist das Haus
er wird durch und durch euch
kennen.
Sprecht mit Zungen, die noch glüh.
Lasst des Geistes Funken sprüh´n__

170 *Dann ist Gott nah*

Mel: GL 332 Die ganze Welt Herr Jesu Christ (790)

1 Wenn Gottes Geist die Welt
bestimmt,
dann ist Gott nah, dann ist Gott da,
der Ungeist dann im Meer versinkt,
dann ist Gott nah, dann ist Gott da

2 Wenn Gottes Geist die Erde küßt
dann ist Gott nah, dann ist Gott da
sein frischer Wind die Menschen
grüßt
dann ist Gott nah, dann ist Gott da

3 Wenn Gottes Geist bringt
Zärtlichkeit,
dann ist Gott nah, dann ist Gott da
und schenkt den Menschen
Herzlichkeit
dann ist Gott nah, dann ist Gott da

4 Wenn Gottes Geist die Ruhe stört,
dann ist Gott nah, dann ist Gott da
wenn man sein Rufen drängend
hört,
dann ist Gott nah, dann ist Gott da

5 Wenn Gottes Geist als Glut
erscheint,
dann ist Gott nah, dann ist Gott da
sein warmes Licht die Welt
bescheint
dann ist Gott nah, dann ist Gott da

6 Wenn Gottes Geist in uns
aufräumt,
dann ist Gott nah, dann ist Gott da
und Menschen schafft, die Gott
erträumt, dann ist Gott nah, dann ist
Gott da

7 Wenn Gottes Geist die Welt
verrückt
dann ist Gott nah, dann ist Gott da
und uns im Geist zu Gott entrückt,
dann ist Gott nah, dann ist Gott da

8 Wenn Gottes Geist im Sturmwind
kommt,
dann ist Gott nah, dann ist Gott da
und er das Feste nicht verschont,
dann ist Gott nah, dann ist Gott da

9 Wenn Gottes Geist den Tod
besiegt
dann ist Gott nah, dann ist Gott da
und aufsteht, was am Boden liegt
dann ist Gott nah, dann ist Gott da>

10 Wenn Gottes Geist schreit laut Alarm, dann ist Gott nah, dann ist Gott da,
weil Zeitgeist macht die Menschen arm
dann ist Gott nah, dann ist Gott da

11 Wenn Gottes Geist uns Lieder singt,
dann ist Gott nah, dann ist Gott da
und seine Melodie erklingt,
dann ist Gott nah, dann ist Gott da

12 Wenn Gottes Geist uns Freiheit schenkt, dann ist Gott nah, dann ist Gott da
und Weite schafft, wo alles eng
dann ist Gott nah, dann ist Gott da
→40, 54, 56, 70, 157, 215

Wir glauben
die Kirche
die Gemeinschaft der Heiligen

171 *Kirchenlob*

Mel: GL 259/748 Gottes Stern leuchte uns (87)

1 Kirche du Licht des Herrn,
Feuerschein des Morgens,
wir schauen deine Lichter gern,
die in dir leuchten, Gottes Stern
Du bist Licht von Christi Licht,
Finsternis besiegt dich nicht.
/:Wir haben in dir Gott gefunden,
das Licht unsres Lebens.:/

2 Kirche du Christi Braut,
Gottes erste Liebe,
wer sich mit dir Gott anvertraut
schon heute in den Festsaal schaut;
in dir Gottes Mahl beginnt
da vermählt mit Gott wir sind.
/:Wir haben in dir Gott gefunden,
die Liebe des Lebens.:/

3 Kirche du Volk des Herrn,
bist von ihm gerufen:
sollst sammeln unter seinem Stern
die Menschen alle, nah und fern.
Wer mit dir die Wege geht
einst in Gottes Türe steht.
/;Wir haben in dir Gott gefunden,
das Ziel unsres Lebens. :/

4 Kirche du Gottes Haus,
steigst herab vom Himmel
von dir strahlt ein Geheimnis aus
darin sind glücklich wir zuhaus´
Jeder der dein Wesen liebt
heut schon dies Geheimnis sieht.
/:Wir haben in dir Gott gefunden,
Geheimnis des Lebens:/

5 Kirche du Christi Leib,
für uns hingegeben;
erfährst wie Christus Spott und Leid
die Welt ist oft mit dir im Streit.
Du bleibst deiner Sendung treu
sagst die Wahrheit ohne Scheu
/:Wir haben in dir Gott gefunden,
die Wahrheit zum Leben.:/

6 Kirche du bist durch Gott,
Mutter seiner Kinder
von Kindheit an bis in den Tod
stehst du uns bei in Glück und Not.
Bis zum letzten Atemzug
spendest Gnade uns genug.
/:Wir haben in dir Gott gefunden,
du Mutter des Lebens. :/

7 Kirche du heilig bist,
Kirche auch der Sünder
weil durch mein Tun als schwacher Christ dein Lichtglanz oft beschädigt ist >

Doch inmitten aller Schuld
zeigst du Gottes große Huld.
/:Wir haben in dir Gott gefunden,
die Heilung des Lebens. :/

8 Kirche du, uns geschenkt:
Hauch des Heilgen Geistes
er ist in dich ganz eingesenkt;
und zum Verstehen er uns lenkt.
Kirche durch dein Glaubenswort
pflanzt sich Christi Botschaft fort
/:Wir haben in dir Gott gefunden,
dein Glaube schenkt Leben.:/

9 Kirche du Fels und Stein,
stehst im Sturm der Zeiten
wo Irrtum will verführend sein
da bringst du Widerstand hinein
Wem es um die Wahrheit geht
dessen Haus auf Felsen steht
/:Wir haben in dir Gott gefunden,
den Grund unsres Lebens:/

10 Kirche du Gottesstadt,
Kirche in Vollendung
die Gottes Freunde in sich hat
Geheiligte durch seine Tat
Himmlisches Jerusalem
dem wir gern entgegen gehn
/:Wir werden in dir Gott einst
sehen, in Seligkeit leben __

172 *Kirche –neue Stadt*

(230)

Mel: Ihr Mächtigen ich will nicht singen

1 Geheimnisvoll steigt sie vom
Himmel eine n e u e Stadt , /
mitten in dem Weltgewimmel sie
bei uns Blei-b e hat.
In ihr bin ich mehr als geborgen
habe H e i-m a t-recht,/
mit den Freuden, mit den Sorgen
denn sie ist treu u n d echt. /
In dieser Stadt, Herr, will ich
wohnen,
sie ist dein Leib, sie ist dein Geist, /
du selbst wirst mitten darin thronen.
Mein Herz dich preist. /
In dieser Stadt beginnt im Kleinen
dein Reich und wächst im Dank
und Lob. /
Mag auch das Böse mächtig
scheinen: stark bist du, Gott

2 Reich ist die Stadt an Kostbar-
keiten,
reicher d u r c h d e n Geist, /
reich durch Zeugen aller Zeiten,
in denen Gott s i c h zeigt. /
In Herzen, die für Christus schlagen
strahlt die S t a d t i m Licht, /
und durch die, die Liebe wagen,
klärt sich ihr An-g e-sicht. /
Verborgen wartet auf uns immer
in ihr die Gottesherrlichkeit, /
wir sehen da und dort den
Schimmer der neuen Zeit. /
Du gibt's uns dazu neue Augen,
die selbst durch feste Wände sehn, /
du gibst uns Kraft, vor dir zu
taugen und richtig gehn.

3 In ihr will Christus hell
aufscheinen,
jedem, d e r b e-kennt; /
in dem Festgewand aus Steinen,
das sich die Kir- c h e nennt.
/ Im Mauerwerk von Kathedralen
lebt doch C h r i –s t i Wort, /
das durch uns will heut aufstrahlen,
sich pflanzen durch uns fort./
Du, Herr, bist selbst darin zugegen.
In deiner Kirche buntem Kleid /
gehst du mit uns auf allen Wegen.
Wir sind dein Leib./
Wenn auch die äußren Zeichen
schwinden
sie bleibt im Innern stark und
schön. / >

Im Innern kann man Liebe finden,
ihr Herz verstehn.

4 Verborgen sind oft ihre Gaben
unter d e r G e-stalt, /
unter Schwachheit, Niederlagen,
lau, weder heiß n o c h kalt. /
Doch du bist treu in ihr zugegen,
was auch k o m-m e n mag; /
machst aus dem Versagen Segen
und aus der Nacht d e n Tag. /
Vollkommenheit ist ihre Zukunft,
die Gegenwart oft meine Schuld; /
wir warten betend auf die Ankunft
Herr, deiner Huld. /
Auf meinen Schultern will ich
tragen
die neue Stadt und mit ihr gehn,/
mit Herz und Mund ein Credo
wagen und zu ihr stehn.

5 Wir tragen in ihr alte Lasten,
Sünde, d i e b e-drängt;/
können doch in ihr ertasten, was
uns zum Gu-t e n lenkt.
/ Viel reicher noch als Dunkelheiten
ist in i h r d a s Licht; /
denn durch alle ihre Zeiten,
verliert die Spur s i e nicht. /
Wer sich an sie im Glauben bindet
dem schreibst du sie ins Herz
hinein; /
er sieht, dass sich nichts Größres
findet, als sie allein. /
Wir finden in ihr die Erfahrung:
die neue Welt im Osterlicht. /
Wir spüren Gnade und Bewahrung,
auch im Gericht.
*(im Lied verdanke ich einige Gedanken
den Liedern von P.Gerloff)* __

173 *Kirche „in Hoffnung“*

*Mel: GL 465 Das Jahr steht auf der Höhe
oder 185 Du hast o Herr dein Leben oder
187 Wir weihn der Erde Gaben (493)*

1 Der Weinberg steht in Blüte,
mehr als so mancher glaubt,
der meint, dass in ihm wüte
ein Dieb und ihn beraubt.
Doch wer mit wachen Blicken
tief gründend auf ihn schaut
wird in ihm stets erblicken
den Herrn, der ihn bebaut

2 Der Weinberg steht in Blüte
der Frühling in ihm steckt,
der Herr in seiner Güte
ihn immer neu erweckt
Die Sorgen und die Zweifel,
die uns gar lähmen viel:
die schicken wir zum Teufel
Gott ruft hinaus zum Ziel.

3 Der Weinberg steht in Blüte
die Ernte reift heran
Der Herr, der ihn behütet
steckt ihn zu wachsen an.
Wir können es kaum glauben,
sehn oft nur den Verlust
doch werden groß die Trauben.
Sahst du es schon bewußt?

4 Der Weinberg steht in Blüte
weil Gott ihn pflegt mit Herz.
Wer in ihm wirkt, sich mühte,
der kennt der Reben Schmerz.
Der Herr muss sie beschneiden,
das sammelt ihre Kraft.
Nachdem sie das erleiden
stehn sie in vollem Saft

5 Der Weinberg – ein Geheimnis
für den der Gott vertraut.
Die Kirche nie allein ist
weil Gott sie selbst bebaut
Der Weinberg still erblühte >

wer hätte das gedacht?
Gott hat in seiner Güte
mit Segen ihn bedacht.
(bei einigen Passagen inspiriert durch einen Text von W.Willms)

174 *Die Kirche wird blühen*

Mel: GL 467 Erfreue dich Himmel (586)
1 Die Kirche wird blühen
wird blühen und jauchzen
weil aus toten Steinen
wird Leben auftauchen
Mit Lachen und Jubel
und viele mit Tränen
zum Glauben aufwachen
wonach sie sich sehnen

2 Die Nahen und Fernen
zurück werden kehren
mit leuchtenden Augen
sich nicht mehr verwehren
Und viele, sie kommen
zur Quelle und trinken
und in ihren Fluten
wird Altes versinken.

3 Das Wasser wird strömen
wird strömen und fließen
und allüberall wird
die Hoffnung entsprießen.
Lebendiges Wasser wird
neu sich verströmen
und Himmel und Erde
sich können versöhnen

4 Die Kirche wird glühen
wird glühen und strahlen
die Glut wird zum Feuer
vom Himmel wird´s fallen
Vom Feuer Getaufte
zu Brennenden werden.
Sie werden erleuchten
das Dunkel auf Erden

5 Und Tote: sie leben
sie leben und hören,
und aufsteht die Kirche,
will Christus gehören.
Die säten mit Tränen
sie ernten mit Lachen
und in vielen Seelen
wird Christus erwachen

6 Laut ruft eine Stimme
die Stimme wird locken
damit viele Herzen
nicht wieder verstocken
Die Kirche wird lobend
vor Christus hintreten
im Geist und in Wahrheit
den Vater anbeten.

7 Im Hause des Herren
da wird es geschehen:
ein Herz, eine Seele
zusammen sie stehen.
Gerechtigkeit, Friede
sie werden sich küssen
und alle, die´s sehen
Gott lobpreisen müssen. __

175 *Kirche: Wächterin*

Mel: GL 554 Wachet auf ruf uns die Stimme (88)
1 Kirche, Wächterin des Morgens
in deinem Blick sind wir geborgen
du Seherin in dunkler Nacht.
Du schaust auf und siehst die Zeichen
des Morgenrots, die Nacht wird weichen
Du bist für uns stets auf der Wacht
Erfüllt vom Heilgen Geist
du uns die Wege weist, Gottes Zukunft. Schärf uns den Sinn und führ uns hin zum Ziel das du uns prophezeist. >

2 Kirche, Wächterin am Tage
du siehst uns in bedrängter Lage
du weckst dein Volk, und rufst Alarm
Wachsam schaust du in die Zeiten
siehst die Gefahr, hilfst uns beim Streiten, der Dieb ist schlau und macht uns arm.
Vom Heilgen Geist gestärkt
tust du an uns dein Werk, uns erwecken. Mach uns bereit zur Wachsamkeit, schenk uns ein scharfes Augenmerk.

3 Kirche, Wächterin am Abend,
du sammelst ein des Tages Gaben
holst lobend deine Ernte ein
Führst zusammen Gottes Herde
damit sie nachts behütet werde,
du wachst für sie, stehst für sie ein.
An jedem Ort der Welt,
hast Beter du bestellt, jede Stunde
wir singen Preis dem Gottesgeist
der uns im Glauben führt und hält

4 Kirche, Wächterin der Nächte
du Schutzfrau gegen böse Mächte
bewahrst uns vor der Finsternis.
Zündest an das Licht der Lichte
machst alle dunkle Angst zunichte
entmachtest jedes Hindernis
In deinem Nachtgebet
der Engel Gottes steht, uns zu bergen, in seiner Macht geht´s durch die Nacht, wo Christus uns entgegen geht. __

176 *Kirchenschiff*

Mel: GL 236 Es kommt ein Schiff geladen (89)

1 Ein Schiff, aus Gottes *E*wigkeit,
fährt auf dem Meer der Zeit. /
Gott hat es auf den *Weg ge*bracht,
weil ihn die Liebe treibt.

2 Es kommt aus Gottes *tiefs*tem
Herz, zur Welt ist es gesandt, /
an Gnade und Ge*heimnis* voll;
geht da und dort an Land.

3 Das Schiff bringt Gottes *Wort* zur
Welt, der Sohn sucht heim uns hier.
/ Es kommt noch Einer *auf uns* zu,
der größer ist als wir.

4 Zünd du das Licht des *Glau*bens
an, vertief die Hoffnung sehr. /
Schau so nach Christi *Kommen* aus,
als wenn es heute wär´.

5 Er fährt an keinem *je* vorbei,
der nach Ihm Ausschau hält; /
will Gast und Freund bei *allen* sein,
ein Heiland aller Welt.

6 Dort kommt Er an, wo *Sehn*sucht
lebt, Er ankert tief darin; /
schließt dir verschlossne *Wege* auf,
gibt allem Leben Sinn.

7 Mach weit dein Herz und *je*des
Tor,
der Sohn kommt heut an Land. /
Im Schiff, das Seine *Kirche* ist,
wird Er zu dir gesandt. __

177 *Sieben Sakramente*

Mel: GL 409 Singt dem Herrn ein neues Lied (90)

1 *Sieben Flammen hat das Licht,*
Licht auf sieben Armen.
Glanz von Christi Angesicht,
Gott zeigt sein Erbarmen
Sieben Zeichen wirkt das Wort,
hier und da, und immerfort,
macht es reich die Armen.

2 Sieben Quellen springen auf,
spenden neues Leben
Und das Heil nimmt seinen Lauf, >

Wunder wird es geben
Sieben Zeichen wirkt das Wort,
hier und da, und immerfort,
weckt es auf zum Leben.

3 Sieben Siegel prägt der Herr,
uns auf Stirn und Herzen
Gnade tausendfach und mehr,
führt durch Freud und Schmerzen.
Sieben Zeichen wirkt das Wort,
hier und da, und immerfort,
geht es uns zu Herzen.

4 Sieben Zeichen zeigen klar:
Christus ist zugegen
Was einst an ihm sichtbar war,
ist jetzt da im Segen
Sieben Zeichen wirkt das Wort,
hier und da, und immerfort,
Christus ist zugegen!

5 Siebenmale tauchen wir
in den Strom der Gnaden
finden Heil und werden hier
frei von allem Schaden.
Sieben Zeichen wirkt das Wort,
hier und da, und immerfort,
Fülle aller Gnaden.

6 Sieben Türme, doch e i n Haus:
Kirche Jesu Christi
Gegenwart im Geistesbraus:
Zeichen dafür ist sie
Sieben Zeichen, nur ein Wort,
das lebt in der Kirche fort
Sakramentum Christi

7 *Sieben Feuer ruft der Geist,*
über uns zusammen.
Kommt der Tag, den er verheißt,
stehen wir in Flammen.
Sieben Zeichen wirkt das Wort;
hier und da, und immerfort
ruft es uns zusammen.
(nach Anregung durch ein Gedicht von L.Zenetti / kursiv: wörtliches Zitat)

178 *Drei Daseinsweisen der Kirche*

Mel: GL 280 Singt dem König Freudenpsalmen (91)
Dieses Lied singt von den drei Daseinsweisen der Kirche: als pilgernd-streitende, als erwartend-leidende und als vollendet-himmlische Kirche oder auch die Kirche des Glaubens, der Hoffnung und der Liebe (angeregt durch Daniel-Ange, Die Kirche meine Freude, S. 34-35)
1 Kirche, Pilgerin auf Erden
durch die Zeiten auf dem Weg
streitend, kämpfend innewerden
wie der Pfingstgeist dich bewegt
So, belebt vom Geisteswehen
schreitest du durch Erdennacht
die erleuchtet ist vom Sehen
die dein Glaube hell gemacht.

2 Kirche in Erwartung, flehend
um die große Herrlichkeit,
leidend wie im Feuer stehend
rein zu werden und bereit
die adventlich brennt und wartet
auf das große Morgenrot
die voll Sehnsucht darauf achtet,
wie die Hoffnung führt zu Gott.

3 Kirche du im Himmel wohnend
glorreich in dem Vaterhaus
triumphierend, siegreich thronend
ewig Ostern und zuhaus´
Kirche in der Auferstehung
mitten drin im hellen Tag
Gottes große Ausersehung
nur die Liebe dies vermag.__

179 *Lied der Kirche in dieser Zeit*

Mel.: GL 411 Erde singe dass es klinge (95)
1 Kirche freu dich, bleib getreulich
tief verbunden deinem Herrn
Auf dich schau ich, dir vertrau ich>

deiner Stimme folg ich gern.
Du die Stadt hoch auf dem Berge
die vom Himmel kam zur Erde.
Christus scheint dir ins Gesicht:
Er, dein Licht

2 Kirche schenke und bedenke
das Geheimnis, das du bist
Du Erwählte, Geistbeseelte,
Gottes Stärke in dir ist.
Du bist Kirche: Braut des Herren,
wer Ihn liebt, muss dich auch ehren,
Christus ja und Kirche nein:
kann nicht sein!

3 Kirche Zeichen, ohne gleichen
Gottes Schöpfung Morgenrot
Sein Erbarmen zeigst den Armen
für sie bittend stehst vor Gott.
Wer dich nicht kann Mutter nennen
wird nur schwer den Vater kennen
kennt dann auch nicht – wie denn schon? – seinen Sohn

4 Kirche heil′ mich, du bist heilig,
voll der Gnade, Sakrament
Doch auch sündig,
arm statt mündig
wenn der Weltgeist dich beschränkt
Ist dein Glaube noch so schmächtig
Gott wirkt grad im Schwachen mächtig
so wird sichtbar wessen Kraft
heilig macht

5 Kirche trau dich und erbau mich:
lebt ja Christus in dir fort
Kirche führ mich und berühr mich
Er ist da in deinem Wort
So erfüllt sich Sein Versprechen:
„Wer dich hört, hört Christus sprechen!“
Er ist ganz in dir präsent:
ohne End.

6 Kirche weck′ uns und erschreck′
uns wenn uns Irrtum still verführt
Kirche warne und enttarne,
wo wir hinters Licht geführt.
Stärk den Glauben, Hoffnung,
Liebe. Mach uns klug im Weltgetriebe.
Leucht uns mit der Wahrheit ein
Leucht uns heim!

7 Kirche schütz uns, unterstütz uns
so viel Stimmen: was ist wahr?
Kirche wache, kraftvoll mache
uns im Unterscheiden klar.
Unserm engen Blick schenk Weite
zur Erkenntnis uns hin leite,
zeig im Geist uns, wie man tut
was ist gut.

8 Kirche freu dich, Gott macht neu dich
und entzündet deinen Mut
Fröhlich lache, und entfache
in der Asche neue Glut
Stehst du fest mit Gott im Bunde
geht dein Glaube nicht zugrunde
Bei dir ist – bist nie verwaist –
Gottes Geist

9 Kirche lobe, kräftig lobe
deines Herren Freundlichkeit.
Wirst bestehen, nie vergehen
bis in Gottes Ewigkeit.
Sieh wie ringsum Reiche fallen;
die auf Sand gebaut zerfallen
Gott hat dich auf Fels gebaut:
Preis ihn laut. __

180 *Maria – Kirche im Ursprung*

(99)

Mel:GL 478 Ein Haus voll Glorie schauet

1 Die Kirche wird geboren in einem starken Ja
Maria auserkoren sprach es, da war sie da >

Als der Geist des Herrn mit dem Christusstern
sie überschattet hat, da war sie Wohnestatt

2 Maria ohne Makel ist Kirche in Person
trägt wie ein Tabernakel im Schoß den Gottessohn
Da wo Christi Leib lebt und einig bleibt
ist Kirche Gegenwart, ganz nach Marias Art.

3 Der Kirche wahrer Anfang in einer Frau geschieht
Maria ist der Bauplan, in dem man Kirche sieht.
Frau- und Muttersein soll ihr Wesen sein.
Im Taufen sie gebiert und Gotteskinder kürt.

4 Die Kirche wie Maria, ist Gottes treue Braut,
empfänglich steht für Gott sie da, der sich ihr anvertraut;
sie, die große Frau, in des Sehers Schau,
die in der Sonne glänzt, von Sternen, zwölf, umkränzt.

5 Maria zeigt verborgen in ihrer Heiligkeit
die Kirche hell am Morgen in lichter Lauterkeit
die durch Jesus Christ, reine Schönheit ist
und die dem Herrn gefällt als Zeichen in der Welt

6 Maria, Kirche Christi, ist schon vor Pfingsten da,
in einer Frau, da ist sie – den Menschen hilfreich nah.
Sie verlässt ihr Zelt, bringt den Herrn zur Welt,
sie Kirche ist, die liebt, bevor es Petrus gibt.

7 Maria, Mutter Kirche, führ uns zu Christus hin.
Und du an uns stets wirke, fraulich in Sein und Sinn
Neue Eva du, an uns Gutes tu.
Wer immer auf dich hört, hört Christus ungestört.

8 Von glaubensstarken Frauen die Kirche ist geprägt
auf sie kann Christus bauen, ihr Lebensbeispiel trägt.
Denn Marias Amt führt uns allesamt
hin zu des Glaubens Kern: zu dienen Gott dem Herrn

9 Ein Ja von uns gesprochen, dann ist die Kirche da
dann steht sie ungebrochen und macht die Botschaft wahr
Gott, wir danken dir, du berufst uns hier
zu Zeugen in der Welt. Zum Dienst, der dir gefällt. __

181 *Kirche – Braut des Herrn*

Mel: GL 478 Ein Haus voll Glorie schauet (100)

1 Die Kirche steht gegründet
allein auf Jesus Christ
sie die des großen Gottes
erneute Schöpfung ist
Jesus Christus, Herr
ihm sei Preis und Ehr
Der Grundstein, der gelegt
das Haus der Kirche trägt

2 Vom Himmel kam er nieder
und wählte sie zur Braut >

hat sich mit seinem Blute
ihr ewig anvertraut
Kirche, Gottes Braut,
die den Himmel schaut
die treu an Gott sich hält
sich nicht verkauft der Welt.

3 Erkor´n aus vielen Völkern
doch als ein Volk gezählt
der Herr ist´s und ein Glaube,
ein Geist, der sie beseelt.
Gottes Heilger Geist
ihr die Wege weist,
führt in die Wahrheit ein
wird immer bei ihr sein.

4 Schon hier ist sie verbunden
mit dem, der ist und war,
hat selige Gemeinschaft
mit der Erlösten Schar,
in dem Hochzeitsmahl
und vieltausendmal
der Himmel sich vermählt
mit uns, die wir erwählt.

5 Mit denen, die vollendet
zu dir, Herr, rufen wir:
verleih, dass wir mit ihnen
dich preisen für und für.
Kirche auf der Welt
und im Himmelszelt
stimm du gemeinsam ein:
Gott soll die Ehre sein. __

182 *Maria – Kirche Perichorese – Durchdringung**

(101)

Mel: GL 536 Gegrüßet seist du Königin

1 Ein Zeichen sich am Himmel
zeigt, stark und mächtig:
die große Frau hernieder steigt,
schön und prächtig.
Leuchtend im Sternenkranz,
im Kleid aus Sonnenglanz,
wird sie für uns Mutter sein.
Salve, mater intemerata! **

***Gruß dir, du Mutter. du unzerstörte*

2 Die Frau, empfängt so wie der
Mond, Licht der Sonne,
die leuchtet und am Himmel wohnt,
von dem Sohne
Sie strahlt weil Jesus Christ
ihr Licht, ihr Leben ist,
schenkt uns Licht von seinem Licht
Salve, mater intemerata!

3 Die große Frau in Hoffnung ist,
liegt in Wehen;
durch sie, die in Erwartung ist,
wird´s geschehen:
dass sie das Leben bringt,
für jedes Gotteskind,
das durch sie geboren wird.
Salve, mater intemerata!

4 Vom Himmel steigt die Braut
herab,
in die Endzeit, hat sich für Christus
schön gemacht, für die Hochzeit!
Wird ohne Makel sein,
durchs Wasserbad ganz rein.
Sie weckt uns zum Glauben auf
Salve, mater intemerata!

5 Es kommt herab die Gottesstadt,
aus dem Himmel,
die viele goldne Tore hat,
Glanz und Schimmer.
Haus Gottes in der Welt,
von Christus auserwählt,
bringt sie Ihn in jede Zeit.
Salve, mater intemerata!

6 Bedrängt ist sie zu aller Zeit,
durch den Bösen,
der sie aus der Verbundenheit
mit Gott will lösen.
Doch ihr gilt Jesu Wort: >

dass nie der Höllenpfort
sie kann überwältigen.
Salve, mater intemerata!

7 Wer ist es, die herniedersteigt,
aus der Höhe?
Die sich als wahre Mutter zeigt,
schenkt uns Nähe?
Ein Haus voll Glorie schaut!
Von Christus auferbaut!
Gottes Stadt hier in der Zeit..
Salve, mater intemerata!
** M.J. Scheeben sieht bei Maria-Kirche eine gegenseitige Durchdringung: von Maria sprechend kann man die Kirche meinen, von der Kirche sprechend kann man Maria meinen. Das geschieht in dem hier vorliegenden Liedtext* __

183 *Kirche im Geistwind*

Mel: GL 416 Was Gott tut das ist wohlgetan (154)
1 Die Kirche wie ein Segelschiff
fährt hin im Wind des Geistes,
lebendig, nicht nur ein Begriff,
das „Schiff des Petrus" heißt es.
Gesandt vom Herrn aufs Meer der
Zeit, sein Wind voll in den Segeln;
gestärkt von seinen Regeln

2 Die Kirche auf dem Weg so ist,
zum Ziel Jenseits von Erden.
Doch wenn die Segel nicht gehisst
kann auch kein Fortschritt werden.
Man glaubt so gern dem Wind der
Welt, doch der führt ihn die Flaute;
wenn man ihm mehr vertraute.

3 Erfasst vom flauen Wind der
Welt
vergisst man schnell die Regel,
die´s Schiff auf klarem Kurs doch
hält; reißt Löcher in die Segel,
und wirft, was Wert hat, über Bord,
lässt Menschensinn nur gelten.
Nach Gott fragt man sehr selten.

4 Das Ziel ist nicht mehr in dem
Blick
man lebt im Hier und Heute,
schaut nicht mehr hin, was vor uns
liegt, lebt so wie Land und Leute.
Betäubt sich schnell mit leichtem
Ziel, und lässt das Ewge fahren.
So stirbt man mit den Jahren.

5 Der Antrieb kommt aus Gottes
Kraft, er ruft uns aus dem Hafen.
Sein Geist uns treibt, fort von dem
Platz, wo wir beruhigt schlafen.
Herr, Gott, lass uns doch immer
treu
die Ausfahrt mutig wagen: zu dir,
an allen Tagen.

184 *Steh deiner Kirche bei*

Mel: GL 552 Herr mach uns stark im Mut der dich bekennt (287)
1 Herr steh uns bei, geh du uns
nicht verlorn
sieh deine Kirche scheint zum Tod
geborn
zerspalten sehr, neigt sich ihr Tag
zur Nacht
Doch ist d e r Herr da, d e r sie
groß macht

2 Von allen Seiten wird sie hart
bedrängt
verwundet gar und innerlich
gekränkt
es binden viele heut sich von ihr los
Doch ist d e r Herr da, d e r gibt
ihr Trost

3 Einst war die Kirche in den
Seelen wach >

nun schlafen viele, sind im Glauben schwach,
die Kirche ist in Not und atmet schwer. Doch ist d e r Herr da d e r sie liebt sehr.

4 Herr steh uns bei, der Glaube schwindet hin, menschliches Denken wird zu neuem Sinn.
Ob einer bei uns denn noch Glauben find´? Doch gibt d e r Herr uns, d a s s wir stark sind

5 Diese Gestalt der Kirche wird vergehn
sie ist in Hoffnung, liegt schon in den Wehn
dabei vergeht, was bisher uns vertraut
Doch ist d e r Herr da, d e r sie aufbaut

6 Hört ihr´s nicht wachsen, wie sich Leben zeigt? Dort wo der Mensch anbetend Gott sich neigt,
nur durch die Heilgen wird die Kirche neu, denn da i s t Christus, d e r bleibt ihr treu

7 An solchen Orten ist die Kirche stark:
Hoffnung, die sich im Weizenkorn verbarg
die Kirche neu aufblüht, so wird´s geschehn: denn Je- s u s Christus w i r d ihr beistehn.

8 So manches Reich in dieser Welt zerfällt
die Kirche bleibt, weil sie dem Herrn gefällt.
geht durch die Welt in stetem Siegeslauf
in Je-s u s Christus b l e i b t sie wohlauf

9 Die Kirche lebt, weil du, der Herr, sie liebt.
Herr, sprich ein Wort, das neu uns Glauben gibt.
Weck alle auf, die du hast frei gekauft
weck du, H e r r Christus, s i e vom Schlaf auf

10 Es kommt der Tag: die Kirche neu erwacht,
in unsern Herzen. Es wird neu entfacht
die Liebe zum Geheimnis, das sie ist.
Sie birgt d i c h Christus; d u ihr Herr bist.

185 *Kirche – Leib des Herrn*

Mel: Kennst du das alte Lied /Da wo ein Brunnen fließt (303)

1 Kirche du Leib des Herrn
dein Christus ist dir nicht fern.
Leibhaftig ist er da in dir
Leib Christi, das sind wir.
Was an ihm leiblich war
ist heut in der Kirche da
in seiner Kirche Sakrament
leibhaft ist er präsent.

2 Christus die Kirche weiht,
durch sein Wort „Das ist mein Leib!“
er wandelt sie, wie Brot und Wein
in seinen Leib hinein
Wer Augen hat und sieht
und wer seine Kirche liebt
auf ihre Stimme hört, ja der,
weiß dann „Es ist der Herr!“

3 Vom Leib getrennt fehlt Kraft
die´s Leben mehr heilig macht.
Denn ohne mich könnt ihr nichts >

tun, sagt uns der Herr darum.
Seht doch wie Jesus Christ
ganz eins mit der Kirche ist
Schaut her auf seinen heilgen Leib
der heut noch Wunden zeigt

4 In zweierlei Gestalt
ist Christi Leib unser Halt
in der Gestalt der Kirche hier
kommt er zu dir und mir.
Nicht nur durch Brot und Wein
will er gegenwärtig sein
wir sind und empfangen Christi Leib
so wie es Paulus schreibt.

5 Wir sind sein Leib, sein Blut
als Kirche sein höchstes Gut.
Wir nehmen teil an seinem Leib
da er in uns verbleibt.
Kirche du Leib des Herrn
dein Christus ist dir nicht fern.
Leibhaftig ist er in dir da:
Kirche: Leib Christi: Ja! __

186 *Wir glauben – die Kirche lebt*

Mel: GL 172 Gott in der Höh sei Preis und Ehr (306)

1 Wir glauben Herr: die Kirche lebt
denn du bist ihr Erbauer.
Solange diese Welt besteht
hat sie Bestand auf Dauer.
Dies glauben und bekennen wir
voll Zuversicht aufs neue;
denn sie ist dein, du gehst mit ihr
in ungebrochner Treue.

2 Wir haben darum keine Angst
ums Wohl und ihr Bestehen
denn was du auch von ihr verlangst
ein Rest wird mit ihr gehen.
Was ihr zum Heile dienen wird,
das können wir nicht wissen.
Doch in den Dornen wird der Hirt
sie niemals lassen sitzen

3 Die Zukunft legen wir, o Herr
in deine Hand und hoffen
Wird´s auch bedrohlich, nah und fern
und sind wir stark betroffen:
wir fürchten nichts und keinen hier
denn uns kann keiner schaden.
Nur um das eine bitten wir:
um Weisheit, Mut und Gnade.

4 Die Kirche wandert durch die Zeit
seit vielen tausend Jahren.
Sie kennt Erfolg, Versagen, Leid,
hat alles schon ertragen.
Sie hat gekämpft, getrotzt, geliebt
steht immer noch in Blüte
Ein Segen ist´s, dass es sie gibt.
O Christ, sie gern behüte.
(Str. 1-3 Nach einem Gebet von Kard.Newman)

187 *Kirche: großes Abenteuer*

(335)

Mel: GL 380 Großer Gott wir loben dich

1 Kirche Christi, unsres Herrn,
bist zum Heil für uns gegeben,
steigst hernieder in die Zeit,
und versammelst die zum Leben,
die zu glauben sind bereit.
Öffnest deine Türen weit.

2 Kirche Christi, unsres Herrn,
bist vom Himmel du gestiegen,
in die Wirklichkeit der Welt,
wo Gott wird meist tot geschwiegen
oder nur am Rande zählt.
Da bist du dann hingestellt.

3 Kirche Christi, unsres Herrn,
bist aus Christi Blut entstanden, >

das aus seiner Seite strömt.
Durch dein Wort und durch dein Handeln
wird die Welt mit Gott versöhnt:
Aus dir seine Stimme tönt

4 Kirche Christi, unsres Herrn,
du bist aus dem Ja geboren,
das Maria Gott gesagt.
Der gewinnt, hat nicht verloren,
der mit dir die Antwort wagt.
Darum bleibe unverzagt.

5 Kirche Christi, unsres Herrn,
Tochter Gottes, Kind des Geistes,
einst erweckt durch Geistes Hauch.
unser kaltes Herz enteiste
durch dein Tun nach gutem Brauch.
Du rufst tote Christen auf.

6 Kirche Christi, unsres Herrn,
bist ein großes Abenteuer;
und an Weisheit reiches Heim.
Lass den Glauben wie ein Feuer
uns führ´n ins Geheimnis ein:
das Verstehen tiefer sein

7 Kirche Christi, unsres Herrn;
Schatzhaus du von Gottes Wahrheit.
Hüte du das Glaubensgut,
gib uns Glaubenden die Klarheit
für das, was ist recht und gut:
wachsam stark und voller Mut __

188 *Die Münsterkrypta*

Mel: GL 144 Nun jauchzt dem Herren alle Welt oder GL 342 Komm Heilger Geist oder GL 539 Gott aller Schöpfung heilger Herr oder GL 237 Vom Himmel hoch da komm ich her) (335)

In der Krypta des Bonner Münsters ruhen die Gebeine der hl. Cassius, Florentius und Gefährten

1 Ich steig die Stufen tief hinab
hinunter geht´s tief wie ein Grab
denn in die Krypta will ich gehn
um alles tiefer zu verstehn

2 Ich steig herab in Christi Tod
und bin hier unten recht im Lot.
Die Oberfläche da verblasst
ihr Laut gestillt wird in der Rast

3 Ich geh dem Glauben auf den Grund
der Raum gibt mir ihn schweigend kund.
Hier spür ich, was nicht wunderte
den Glauben der Jahrhunderte.

4 Hier ist der Anfang mir ganz nah
in den Gebeinen ist er da.
Es atmet alles, was hier ist
vom Zeuge sein für Jesus Christ.

5 Noch heut zu spüren ist das Ja
das diese Männer machten wahr
als sie in höchster Konsequenz
hingaben ihre Existenz

6 Verborgen sind sie hier, geheim
geborgen in dem heilgen Schrein
dem Blick der Welt nicht ausgesetzt
bleibt ihr Geheimnis unverletzt

7 Ich atme auf in diesem Raum
und spüre meine Lasten kaum
die *Säulen halten ab die Welt*
die hier nicht drückend auf mich fällt

8 Wie Jona tief im Meeresbauch
verwandelt ward, so werd ich auch
tief in der Münsterkrypta hier
erneuert und gehorsam DIR

9 Aus dieser Tiefe steigt mein Ruf
zu DIR, der Raum und Zeit einst schuf. >

Ich hier den Schatz im Acker fand
der oben blieb mir unbekannt

10 Geborgen wie in Abram´s Schoß
lass ich mich hier auf DICH hin los
Mein Herz bleibt staunend hier zurück:
hier ist DIR Raum und Zeit geglückt. __

189 *Gebet der Krypta in Brauweiler - Geh bet*

Mel: GL 144 Nun jauchzt dem Herren alle Welt (sowie die Mel. des vorherigen Liedes) (42)

1 Geh bet, die Stufen steig herab
hinunter gehts, tief wie ein Grab
denn in die Krypta *will ich fliehn*
in meine Tiefe tiefer ziehn

2 Ich steig herab in Christi Tod,
hier unten bin ich recht im Lot
die Oberfläche da verblasst
ihr Laut gestillt wird in der Rast

3 Ich geh dem Glauben auf den Grund, der Raum gibt mir ihn schweigend kund; hier spür ich, was nicht wunderte: den Glauben der Jahrhunderte

4 Verborgen *) ist ER hier, geheim,
will als Geheimnis heimlich sein
dem Blick der Welt nicht ausgesetzt
bleibt Heiligkeit ganz unverletzt

5 Aus tiefer Tiefe steigt mein Ruf zu DEM, der Raum und Zeit einst schuf. HERR, höre, was mein Schweigen spricht, ich lausche wenn dein Schweigen bricht.

6 Die *Säulen halten ab die Welt*
die hier nicht drückend *auf mich fällt*
so werde ich *nicht tot gedrückt*
hier sind mir *Raum und Zeit geglückt*

7 Ich atme auf, weil dieser Raum
ganz atmet von dem Menschentraum
vom Schatz der in der Tiefe ruht
ihn zu erkunden Wunder tut.

8 Geborgen wie in Abram´s Schoß
lass ich mich hier auf DICH hin los
denn dieser Raum, er birgt so viel
er bringt DICH mir ins heilge Spiel

** Krypta heißt: verborgen(er) Raum (W.Willms hat mich dazu inspiriert, Zitate seines Textes: kursiv)__*

190 *Dieser Ort ist heilig*

Mel: GL 198 Heilig bist du großer Gott Am Ende der 1.Zeile werden die beiden vorletzten Viertelnoten zur halben Note, (wie in der früheren Fassung des Liedes im alten GL 919) - siehe unterstrichene Silbe (424)

1 Dieser Ort hier heilig ist, Gott ist hier zu finden
hier der Dornbusch für uns brennt,
Gott ist hier zugegen
Seid in Ehrfurcht und Respekt, hier wohnt Gottes Segen
Kommt mit Vorsicht, und habt
Acht, hier ist heilger Boden
knieet nieder, betet an, lasst Gott groß sein droben.

2 Dieser Ort ist heilig hier, Gott hat ihn geschaffen
ein Geheimnis voller Kraft, lässt zurück uns weichen,
unfassbar, Mysterium, Sakrament und Zeichen
Gottes Haus, des Himmels Tor,
Ehrfurcht uns gebietend
wirklich, hier wohnt Gott, der Herr,
nähert euch ihm liebend >

3 Wie im Traum wird dieser Ort
uns zur Himmelsleiter:
Engel steigen auf und ab:
himmlische Gebärde,
sie verbinden Mensch und Gott,
Himmel und die Erde.
Christus steigt herab ins Brot, um sich uns zu geben.
Gott steigt nieder, wir empor,
heilger Tausch bringt Leben.

4 Heilig, heilig Gottes Haus, kam vom Himmel nieder
wo es auf die Erde trifft:
Heiligt es die Orte!
spricht, wo man ihm Raum gewährt, wortlos Gottes Worte,
die da sagen: Ich bin da, ich will bei euch wohnen.
Haltet heilig diesen Ort, er wird es euch lohnen.

5 Heilig sei uns Gottes Haus,
Abbild seines Himmels.
Tretet ein ins Heiligtum, froh in der Gesinnung
Gottes Schönheit leuchtet hier,
bringt euch zur Besinnung
Hier ist Gottes Herrlichkeit unter uns verborgen
kommt mit Schaudern, Freud und Lust: ihr seid hier geborgen.

6 Heiligt freundlich diesen Ort, der dem Herrn bestimmt ist
der geweiht und aus der Welt
wurde ausgeschnitten
um ein Raum für Gott zu sein, Haus für unsre Bitten
Tretet ein mit Lobgesang, lasst die Achtung spüren:
Ehrfurcht, Schweigen, betet an,
lasst euch tief anrühren.
(Dieses Lied nimmt Bezug auf die Mose- und Jakobsgeschichte: Dornbusch und Traum von der Himmelsleiter: heilig ist der Ort hier) __

191 *Kirche schwach und heilig*

(481)

Mel: GL 336 Jesus lebt mit ihm auch ich

1 Oh, wie heilig ist sie doch,
Kirche, trotz all meiner Sünden.
In der Schwachheit kann sie noch
Gottes Botschaft treu verkünden
Macht mein Tun sie oft auch krank
sie bleibt heilig, Gott sei Dank

2 Und sie leuchtet mir stets heim
auf dass ich zum Ziel gelange
ich kann nur in ihr allein
schon den Vorgeschmack empfangen
auf die himmlisch schöne Stadt
die in ihr ein Abbild hat

3 Und ihr Glaube macht mir Mut
sie ist meine starke Stütze
was die Kirche für mich tut
kommt mir ewiglich zunütze,
führt vom Glauben mich zur Schau,
wenn ich ihr bloß ganz vertrau

4 Kirche ist die Braut des Herrn
hochzeitlich mit ihm verbunden
steht mir bei, ist mir nicht fern
bin durch sie an Gott gebunden
Sie, gelästert, meist verkannt
reicht mir heut schon Gottes Hand

5 Kirche, Gottes heilge Stadt
muss vom Himmel niedersteigen
weil sie Treibstoff in sich hat
uns nach oben anzutreiben.
Himmelsleitern stehn bereit
in ihr, für uns allezeit

6 Sündersein und Heiligkeit
liegen nahe beieinander >

Doch die Kirche allezeit
geht im Heiligwerden schwanger
Sie nimmt mich dorthin hinein:
dann werd ich einst heilig sein

7 Kirche, Gottes schöne Stadt
will sie gern und ehrlich glauben
in ihr wartet doch ein Schatz:
Heil für Blinde, Heil den Tauben.
Mit ihr geh ich meinen Weg
der zu Lob und Freude geht __

192 *Kirche: Schatz im Acker*

Mel: GL 186 Was uns die Erde Gutes spendet (480)

1 Auf festem Grund bist du gegründet
du leuchtest weit, du leuchtest schön
Du bist es die von Heimat kündet
verborgen, doch in Geisteshöhn

2 Dein Herz ist voll, drum fließt es über
wie Samen auf ein weites Feld
dein Wort sät sich zu uns hinüber
auf eine unbestellte Welt

3 Du bist im Acker dieser Erde
der Schatz, der uns erfreut und lockt
du bist die Weide für die Herde
die sonst an leeren Krügen hockt

4 Dein Wort ist süß, wie Honig fließend
es lässt uns neue Wege gehn
und sich in unser Ohr ergießend
eröffnet es uns neues Sehn.

5 Du bist für uns die wahre Quelle
die zu uns rüberfließen muss
du quillst und fließt ganz rein und helle
denn EINER ist der Überfluß

6 der uns durchströmen und erfüllen
mit seinen Lebenskräften will
der unsren Durst nach Liebe stillen
und durstig macht nach mehr und viel.

7 Du bist die Kirche, uns gegeben
um uns zu geben Gottes Wort
wenn wir den Samen weitergeben
dann wächst die Aussaat immerfort
(angeregt durch einen Text von Wilhelm Willms)

193 *Kirche – Stadt Gottes*

(481)

Mel: GL 536 Gegrüßet seist du Königin

1 Gott liebt von Herzen seine Stadt,
die_er gegründet.
In die er uns berufen hat,
mit_uns verbündet.
Herrlichkeit wird von ihr
verheißen dort und hier.
Freut euch über Gottes Stadt
Ihre Mauern uns überdauern

2 Wer in der Stadt verzeichnet ist
geht_nicht verloren.
Du giltst, ganz gleich woher du bist,
als_dort geboren.
Geboren ganz aus Gott
und nicht am andern Ort.
Freut euch, ihr habt Bürgerrecht.
Eure Namen Segen bekamen

3 Die Stadt nicht hier von unten stammt,
nicht_von der Erde.
„Woandersher“ wird sie genannt,
als unser Erbe.
Die Stadt vom Himmel kommt
von Gottes Licht besonnt
Freut euch, die euch Mutter ist,
die sich zuneigt, zu euch herabsteigt >

4 Die Stadt besitzt ein goldnes Haus,
erfüllt mit Bitten,
aus dem strömt Glanz und Leben aus,
in ihrer Mitten.
Weihrauch und Liederklang,
Anbetung, Lobgesang,
freut euch, steigen auf zu Gott,
immer weiter als Himmelsleiter

5 Wer Bürger ist in dieser Stadt,
ist neugeboren
und Platz im Hause Gottes hat,
mit neuen Ohren.
Selig, die in dem Haus
gehen dort ein und aus,
freut euch, sie sind auserkorn,
hier zu bleiben, Gott ganz zu eigen

6 Es gibt so viele Städte hier,
ganz ohne Bleibe.
Sie sind nicht ewig, merke dir.
Ins Herz dir schreibe:
Hier gibt es keine Statt
die unser Herz macht satt,
Freut euch denn nur Gottes Stadt
bleibt bestehen, andre vergehen.
(angeregt durch Ps 87)

194 *Kirche: immer für uns im Dienst*

Mel: GL 213 O heilge Seelenspeise
o. GL 101 Nun ruhen alle Wälder (530)
1 Von oben uns gegeben
die Kirche: Haus zum Leben,
ganz heilig ist der Ort.
Weil Gott in ihr daheim ist
bleibt sie auch ein Geheimnis.
In unsrer Mitte wohnt dort Gott.

2 Ich will Gott dafür loben:
das Gute kommt von oben,
die Kirche steigt herab;
vom Himmel auf die Erde
damit wir heilig werden
und aufsteigen zu

3 Der Kirche Dank ich sage
für reichlich Gottes Gnade
die sie mir laufend schenkt
Damit ich nicht falsch laufe,
sie schon seit meiner Taufe
durch Gottes Wort den Weg mich lenkt.

4 Sie hat mich reingewaschen
nahm weg den Staub, die Asche
der alten Adamsschuld
Durch ihren Dienst im Kleinen,
bin ich mit Gott im Reinen,
im Sakrament ist seine Huld.

5 Sie hat von Kindesbeinen
bei Lachen oder Weinen
mich mit dem Heil berührt.
Hat mich gesalbt, gesegnet
zum Guten hin beweget
und mich zu Christus hingeführt

6 Noch wenn ich einmal sterbe
wäscht ab sie mir die Erde
stärkt meinen Himmelsleib;
wird mir die Hände falten,
mich Gott entgegen halten;
sie im Gebet treu bei mir bleibt

7 Sollt ich mir ihrer schämen?
Ich will mit Lob erwähnen:
dass sie mir Mutter ist!
Sie hat mich neu geboren,
so geh ich nicht verloren;
durch sie, du Gott, mir Vater bist

7 Ich will sie lieber achten,
und mit Respekt beachten
ich hab an ihr ja Teil,
sie lieben und bezeugen,
mich ihrer Weisheit beugen:
in ihr find Wahrheit ich und Heil.__

195 *Bitte an die Kirche*

Mel: GL 213 O heilge Seelenspeise oder GL 101 Nun ruhen alle Wälder (535)

1 An meinem Lebensende
da falte mir die Hände
geleite mich hinaus.
Deck zu mich mit Gebeten
hüll mich in Gottes Segen
und salb mich, denn ich geh nach Haus

2 Der Weihrauch deiner Treue
an dem ich mich erfreue:
der trage mich empor
Stärk betend mir den Rücken,
und lass den Ausgang glücken
führ mich zum Ziel, sei mir zuvor.

3 Und ist mein Grab gegraben,
pflanz Blumen dort der Gnaden
aus deinem reichen Schatz.
Pflanz darauf nicht das Trauern,
nicht Rosen des Bedauerns,
auch Lob hat darauf keinen Platz.

4 Nur Hoffnung, stark und grünend
und dein Gebet, stets blühend,
soll schließlich wachsen dort.
Zünd darauf an auch Lichter,
die künden von dem Richter,
der mich durchleuchtet fort und fort

5 Ich wünsche mir, Geliebte,
sing Halleluja bitte,
sing Hochzeit stark und laut.
Sing, Jungfrau, Mutter Kirche,
damit ich mich nicht fürchte
sing Hoffnung, denn du bist die Braut

6 Ich hör die Wächter singen
aus Zion hör ich´s klingen
will folgen diesem Ruf
Die Zeit ist mir genommen
doch Hochzeit ist gekommen:
will eins sein mit dem der mich schuf.

7 Komm ich zu Gott gegangen
sollst du mich dort empfangen
mit deiner Heilgen Schar.
Sie mögen mich berühren
hinein nach Zion führen
dort ist gezählt ein jedes Haar.__

(Gedanken von L.Zenetti eingearbeitet Str. 3-5)

196 *Kirche: Abenteuer*

Mel: GL 424 Wer nur den lieben Gott lässt walten (581)

1 Die Kirche ist ein Abenteuer
der Geist des Herrn durchweht sie ganz
entzündet in ihr manches Feuer
ruft sie hinaus zu größ´rem Glanz.
Der Geist, der das was gilt, verrückt,
sucht Menschen, die im Geist entzückt.

2 Die Kirche muss für Christus brennen
ein laues Feuer bringt kein Licht;
sie muss sich ganz vom Weltgeist trennen
und schau´n in Gottes Angesicht.
Sparflamme nur und kalte Glut
das tut dem Glauben niemals gut

3 Die Kirche braucht den Geist des Herren.
Im Geist der Zeit geht sie verirrt.
Sie muss zum Gottesgeist umkehren,
der ist allein der rechte Hirt.
Ihr Weg ist nicht der Plan der Welt
weil da nur Menschendenken zählt

4 Der Geist der Zeit zieht tiefe Gräben >

in Christi Kirche, macht sie schwach.
Sie kann aus diesem Geist nicht leben,
nur Gottes Geist, der hält sie wach.
Drum prüfet: woher ist der Geist,
der euch den Weg als Kirche weist.

5 Die Kirche braucht heut die Propheten
die uns die Geistzeit sagen an
die gegen die Gefahr auftreten
dass Zeitgeist lau uns machen kann
die uns klar sagen, wenn wir matt,
was uns die Stund geschlagen hat

6 Der Kirche teuer ist die Gnade
zum Ausverkauf steht sie nicht frei
sie hütet sie als teure Habe
verbilligt nichts, sie bleibt ihr treu.
Der Zeitgeist will Ermäßigung
die Geistzeit bringt Begeisterung

7 Die Kirche braucht die Abenteurer
die Glaubenden mit Kraft und Mut
für Gott ist ihnen nichts zu teuer
sie schenken ihm ihr Herz und Blut
Je mehr sie stehn im Gegenwind
je fester ihre Schritte sind __

197 *Die Kirche Jesu steht da*

Mel GL 478 Ein Haus voll Glorie schauet
1 Die Kirche Jesu Christi *(622)*
bleibt eins und ungeteilt
auch wenn zerspalten, ist sie
doch längst in sich geheilt
Wo du, Petrus, bist
auch die Kirche ist
dort ist uns Christus nah,
macht sein Versprechen wahr...

2 ...das er ihr hat gegeben:
Die Kirche immer bleibt!
Wird´s Trennungen auch geben,
sie steht da, jederzeit:
denn wo Petrus ist,
machst du, Jesus Christ,
stets deine Kirche heil
am Leib, an jedem Teil.

3 Katholisch, einig, heilig
steht Christi Kirche da
und wächst im Geist gedeihlich
durch ihn geführt, bewahrt.
Schaut: die Kirche steht
da, vom Geist bewegt.
Wo Petrus mit ihr ist
sie in der Wahrheit bist

4 Herr lass uns alle eins sein
wie du´s im Vater bist
du lädst uns in dein Haus ein
das deine Kirche ist.
Petrus Fels und Halt
starke Heilsgestalt.
Zum Glauben der aufsteht,
der stets mit Petrus geht.
→ 13, 18, 37, 45, 49, 266

Und dann wird Hochzeit sein
Ausblick

197 B *Wenn der Geist und die Braut*

Mel: GL 470 Wenn das Brot das wir teilen als Rose blüht (191)
1 Wenn der Geist und die Braut sagen: Komm, o Herr, und die Stimme des Rufers die Nacht erfüllt,
mit dem Öl aus den Krügen die Lampe brennt und die Wächter sind wach an der Tür:>

dann ist nahe gekommen der Tag des Herrn, seine Stunde ist da und nicht fern, seine Stunde ist da....

2 Wenn der Geist uns entrückt, um die Braut zu sehn, die sich für ihren Herrn hat ganz schön gemacht
der sie makellos heiligt im Wasserbad ,
die uns leuchtet und strahlt wie der Mond,
dann ist nahe gekommen der Tag des Herrn, seine Stunde ist da und nicht fern, seine Stunde ist da....

3 Wenn des Bräutigams Freund sich von Herzen freut, weil die Braut dem gehört, der sie hat erkauft
durch sein Blut, das vergossen er wie ein Lamm, als sein Hochzeitsgeschenk für die Welt,
dann ist nahe gekommen der Tag des Herrn, seine Stunde ist da und nicht fern, seine Stunde ist da...

4 Da wo Himmel und Erde sich einig sind, wo die trockene Wüste zum Quellgrund wird,
und die Ströme des Heils fließen siebenfach, und aus Wasser wird goldener Wein
dann ist nahe gekommen der Tag des Herrn, seine Stunde ist da und nicht fern, seine Stunde ist da...

5 Wenn die heilige Stadt aus dem Himmel steigt, und die Städte der Menschen verwandelt sind,
wenn die Herrlichkeit Gottes in ihnen scheint, und der Herr ihre Leuchte wird sein,
dann ist nahe gekommen der Tag des Herrn, seine Stunde ist da und nicht fern, seine Stunde ist da...

6 Wie der Bräutigam freut sich an seiner Braut, freut der Herr sich an uns, die er hat erwählt,
und bezeichnet mit Siegel hat auf der Stirn, und erkauft aus den Menschen für Gott,
dann ist nahe gekommen der Tag des Herrn,
seine Stunde ist da und nicht fern, seine Stunde ist da...

7 Wenn die Kirche als Braut betet an den Herrn, und ihr Lobpreis noch stärker als Klagen ist,
weil die Hochzeit des Lammes gekommen ist, und im Mahl hat der Herr uns vermählt.
Selig sind die zur Hochzeit geladen sind, denn das Heil kommt von Ihm auf dem Thron, denn das Heil kommt.....

8 Denn der Geist und die Braut sagen: Komm o Herr! Wer es hört, spreche ebenfalls: Komm o Herr!
Und wer Durst hat der gehe zum Brunnen hin, und der trinke die Gnade geschenkt.
Selig sind die zur Hochzeit geladen sind, denn das Heil kommt von Ihm auf dem Thron, denn das Heil kommt.... __

Fundstellenliste jener Liedmelodien (Noten und Musikbeispiel), die nicht im Stammteil der Gotteslobes zu finden sind, vielfach aber in den Diözesananhängen

Nr. Titel der Melodie **ggf. Link zum Anhören der Melodie bzw. zu Noten**

3 Kleines Senfkorn Hoffnung https://www.youtube.com/watch?v=m8etyCUN5wA
6 Ganz beraubt bist du, zu finden unter folgendem Link, dort in der Liste nach unten gehen https://www.musik-und-wort.de/
21 Holz auf Jesu Schultern https://www.youtube.com/watch?v=80Rhku60WnQ
36 Alle Menschen höret https://www.youtube.com/watch?v=DX-k5yvCCiY
36 Alle Menschen höret auf dies neue Lied https://www.youtube.com/watch?v=DX-k5yvCCiY
43 Wir haben Gottes Spuren festgestellt https://www.youtube.com/watch?v=t7kDINWgajU
44 Hark the Herolds Angel singing Hört der Engel große Freud. GL 737, Melodie von Mendelssohn-Bartholdy https://www.youtube.com/watch?v=bvNY5etw8ow
45 Ihr Mächtigen ich will nicht singen eurem tauben Ohr https://www.youtube.com/watch?v=B1HbBlwpylg
46 Jesus du mein Leben, dich hat Gott gegeben (keine Fundstelle)
48 Sing, sing, sing, singt ein neues Lied dem Herrn (GL Würzburg 802) https://www.youtube.com/watch?v=AG2O68BA_zM
49 siehe 45
50 siehe 36
51 Du bist heilig, du bringst Heil . https://www.youtube.com/watch?v=j8J86pA7BYE
53 siehe 45
56 Alle Knospen springen auf https://www.youtube.com/watch?v=c-vGKvYS55A
57 Von guten Mächten wunderbar geborgen (Mel.Fassung von S.Fietz, nicht jene im GL unter der Nr.430!!!)) https://www.youtube.com/watch?v=0m3C7sQw34w
65 In dieser Nacht sei du mir Schirm und Wacht https://www.youtube.com/watch?v=HhaOu91Zi8I
69 Kommt her ihr Kreaturen all https://www.youtube.com/watch?v=TnoYsW57jGE
70 Wo Menschen sich vergessen https://www.youtube.com/watch?v=LWudQXnUPmg
72 siehe 51
73 siehe 51
77 Wir beten an dich wahres Himmelsbrot https://www.youtube.com/watch?v=YqcQaC6tp4Y
84 siehe 50
90 Hark a Herolds voice is calling (Achtung: nicht identisch mit der Melodie von Nr.41) https://www.youtube.com/watch?v=uC3KajUnOv0
92 O komm o komm Immanuel, in versch. Diözesananhängen im GL
93 Singt auf lobt Gott schweigt niemand still (keine Fundstelle)
96 Nun Freunde sind wir frohgemut https://www.youtube.com/watch?v=ABj8izjAhlk
97 Christus fährt auf mit Freudenschall https://www.youtube.com/watch?v=JFexkdYOOAA
99 Das Grab ist leer https://www.youtube.com/watch?v=7_9vJNseYzg
103 siehe 44
115 Mit Ernst o Menschenkinder, altes GL 113
116 Sag ja zu mir wenn alles Nein sagt, altes GL 118 https://www.youtube.com/watch?v=N1Q4-EUjXaU
119 siehe 116
120 siehe 90
120 Gottes Engel zum Begleiter
120 Erd und Himmel sollen singen https://www.youtube.com/watch?v=COQ0jaoufJE
125 Da wo ein Brunnen fließt/Kennst du das alte Lied https://www.youtube.com/watch?v=w1BXZk0rsaU
130 siehe 125
143 Gelobt sei Jesus Christus (ab 2:00) https://www.youtube.com/watch?v=YdJGwr1J95I

145 siehe 51
154 Preis dem Todesüberwinder https://www.youtube.com/watch?v=dovJX-M7O0k
156 Dein Geist weht wo er will https://www.youtube.com/watch?v=tA850r8-AIY
163 siehe 43
164 siehe 120
164 siehe 90
165 Heilig heilig lasst uns singen (Lonquich)
https://www.youtube.com/watch?v=X2MpJgjdntU
172 siehe 45
180 siehe 120
185 siehe 125
190 Alte Fassung altes GL 919

Printed by Books on Demand GmbH, Norderstedt / Germany